우리말로 찾아 보는
여행 중국어 회화

김중기 편저

신라출판사

이 책의 특징

낯선 외국으로 떠날 때 단체로 가면 현지 사정에 밝은 가이드가 친절하게 안내를 해주기 때문에 언어 때문에 생기는 두려움은 별로 없습니다. 그러나 가이드의 도움이 없이 여행을 한다는 것은 여간 어려운 게 아닙니다. 물론 만국 공통어가 되어버린 영어를 쓰면 비영어권에서 의사소통이 약간은 이루어지겠지만…

다행히도 중국에서는 우리가 잘 알고 있는 한자(비록 간체자이지만)를 쓰기 때문에 중국어를 잘 모르더라도 읽거나 쓸 때는 대충 의사소통이 이루어집니다. 하지만, 중국인을 직접 만나서 대화를 하거나 물건을 구입할 때 등에는 회화가 절대적으로 필요하게 됩니다.

따라서, 이 책은 중국어를 잘 모르는 사람도 부담 없이 중국 현지에서 곧바로 책을 꺼내 찾아볼 수 있도록 여행에 필요한 회화문을 총 망라했습니다.

이 책의 특징은…

1. 중국어를 잘 하지 못하는 사람이 중국으로 여행, 출장, 비즈니스, 유학 등을 떠날 때 현지에서 유용하게 쓸 수 있도록 간편한 회화문으로 구성하였습니다.

2. 중국 현지로 여행을 떠날 때부터 귀국할 때까지 다양한 상황에 대처할 수 있도록 도착 ⇨ 숙박 ⇨ 식사 ⇨ 교통 ⇨ 관광 ⇨ 오락 ⇨ 전화·우편·방문 ⇨ 쇼핑 ⇨ 트러블에 이르기까지 9개의 주요 장면으로 구성하였습니다.

3. 우리말을 먼저 제시하여 상황에 따라 필요한 말을 사전식으로 구성하여 쉽게 찾아볼 수 있도록 하였습니다.

4. 중국어를 전혀 알지 못하는 사람도 유용하게 쓸 수 있도록 원음에 충실하여 병음과 함께 한글로 발음을 표기하였습니다.

5. 각 장면별로 필요한 단어를 묶어서 더욱더 원활한 의사소통이 이루어지도록 하였습니다.

끝으로 이 책을 유용하게 쓰기 위해서는 여행을 떠나기 전에 미리 익혀두면 한층 보람있고 즐거운 여행이 될 것입니다.

차 례

4

Part 9 트러블   237

Part 10 중국어 기본회화   257

 # 중국어 발음

단운모 单韵母　운모 중 가장 기본이 되는 발음으로, 발음할 때 처음부터 끝까지 입 모양과 혀의 위치가 변하지 않는 것을 말하며, 아래 6가지가 있다.

> a
>
> 입을 크게 벌리고 '아' 하고 발음한다.
>
> o
>
> 입 모양을 둥글게 하고 '오'와 '어'의 중간 발음을 낸다.
>
> e
>
> 입을 반쯤 벌리고 '으-어'라고 발음한다.
>
> i
>
> 한글 발음의 '이' 보다 좌우로 더 벌려 '이'라고 발음한다. (단독으로 음절을 구성할 때는 'yi'로 표기한다.)
>
> u
>
> 입술을 둥글게 오므리면서 앞으로 내밀고 '우'라고 발음한다. (단독으로 음절을 구성할 때는 'wu'로 표기한다.)
>
> ü
>
> '우'보다 약간 더 앞으로 내밀며 '위'라고 발음한다. (단독으로

음성을 구성할 때는 'yu'라고 표기하며, 'j, q, x'와 결합할 때는 위의 두 점은 생략한다.)

'위' 발음은 발음이 끝날 때까지 입 모양을 변하게 해서는 안 된다. 보통 우리는 '위-이'로 발음하지만 중국어에서는 '위-위' 로 끝난다.

복운모 复韵母 　두 개의 단운모单韵母가 결합하여 이루어진 것으로, 입 모 양과 혀의 위치는 발음을 시작할 때와 끝날 때가 각각 다르며, 아래 4가지 가 있다.

ai

'a' 쪽에 강세를 두어 'i'를 가볍게 붙여 읽는다.

ei

'e' 쪽에 강세를 두어 'i'를 가볍게 붙여 읽는다.

ao

'a' 쪽에 강세를 두어 'o'를 가볍게 붙여 읽는다.

ou

'o' 쪽에 강세를 두어 'u'를 가볍게 붙여 읽는다.

부성운모 附声韵母 　단운모에 비음운미鼻音韵尾인 'n · ng'가 결합하여 이 루어진 것으로 아래와 같이 4개가 있다. 입 모양과 혀의 위치는 시작할 때와 끝날 때가 각각 다르다.

an

먼저 'a' 발음을 내다가 우리말의 'ㄴ' 받침을 붙여 발음한다. 이때 'ㄴ'은 비음으로 나온다.

en

'e'를 발음하면서 'ㄴ' 받침을 붙여 발음한다. 이때 'ㄴ'은 비음으로 나온다.

ang

'a'를 발음하면서 'ㅇ' 받침을 붙여 발음한다. 이때 'ㄴ'은 비음으로 나온다.

eng

'e'를 발음하면서 'ㅇ' 받침을 붙여 발음한다. 이때 'ㄴ'은 비음으로 나온다

권설운모 卷舌韵母   성모와 결합하지 않고 항상 단독으로 쓰이는데, 때로는 단어의 끝에 붙어서 발음변화를 일으키기도 한다.

er

'e'를 발음하면서 혀끝을 말아서 'ㄹ' 받침을 붙여 발음한다.

결합운모 结合韵母   개구음开口音인 'a · o · e'와 이들을 주요 운모로 하는 'i · u'가 결합하여 만들어진다.

■ i와 결합하는 것

ia

'a'쪽에 강세를 두어 '이아→야'처럼 발음한다.

ie

우리나라 말의 '이에'와 비슷하나 '예'에 가깝게 들린다.

iao

주모음은 'a'이므로 강하게 읽어 '야오'처럼 읽는다.

iou

주모음은 'o'이므로 이를 강하게 읽어 '요우' 같이 읽는다. iou 는 앞에 성모가 오면 'o'가 없어지고 '-iu'로 표기한다.

ian

표기대로 하면 '이안'이나 실제발음은 '옌'과 같이 발음되므로 특히 주의한다.

in

'i' 발음에 우리말 'ㄴ' 받침을 붙이는 것과 비슷하다.

iang

주모음 'a'에 강세를 두어 '양'처럼 발음된다.

ing

'i' 발음에 'ㅇ' 받침을 붙인 것과 같다.

iong

'i' 발음에 '옹' 발음을 더한 것과 같다. 우리말 '융'과 비슷하게 발음한다.

※ i가 성모와 결합하여 그 뒤에 놓이는 경우에는 그대로 i로 표기하지만, 성모와 결합하지 않고 그 자체로 음절을 이루게 될 경우에는 i를 y로 고쳐 표기하게 된다.   예) ya

ua

'u'와 'a'의 결합으로 'a'에 강세를 두어서 읽는다.

uo

'u'와 'o'의 결합으로 'o'에 강세를 두어서 읽는다.

uai

주모음인 'a'에 강세를 두어 읽는다.

uei

주모음인 'e'에 강세를 주어 발음한다. 그러나 자음과 결합하면 표기는 '-ui'으로 바뀌고 발음은 '우이'로 된다.　예) dui

uan

주모음인 'a'에 강세를 주어 우리말의 '완'처럼 발음한다.

uen

주모음인 'e'에 강세를 주어 발음한다. 그러나 자음과　결합하면 표기는 '-un'으로 바뀌게 되고 발음은 '운'처럼 한다.
예) dun

uang

주모음인 'a'에 강세를 주어 읽는다.

ueng

주모음인 'e'에 강세를 주어 읽는다. 그러나 자음과 결합하면 표기는 '-ong'으로 바뀌게 되고, 발음은 '옹'처럼 한다.
예) tong

※　u가 성모와 결합하여 그 뒤에 놓이는 경우엔 그대로 u로 표기하지만, 성모와

결합하지 않고 그 자체로 음절을 이루게 될 경우에는 u를 w로 고쳐 표기하게
된다.   예) wa

3 ü와 결합하는 것

üe

'ü'와 'e'의 결합으로 'e' 쪽에 강세를 주어 읽는다.

üan

표기대로 읽으면 '위안'이 되지만, 실제로는 발음이 변하여 '위
엔'처럼 발음되므로 주의한다.

ün

'ü' 발음에 'ㄴ'을 붙인 것과 같다.

※ ü는 성모 'j, q, x'와 결합할 때 'u'로 표기되고 'n, l' 뒤에 놓이는 경우에는
'ü'로 표기한다. 성모와 결합하지 않고 그 자체로 음절을 이루게 될 경우에는
'ü'의 두 점을 생략함과 동시에 그 앞에 y를 붙여 'yu'로 표기한다.
예) xue, lüe, yue

2 성모 声母

순음 唇音   윗입술과 아랫입술, 또는 윗니와 아랫입술이 작용하여 내는 소리로 'o'를 붙여서 발음한다.

b

아래 위 입술을 다물었다가 떼면서 우리말의 'ㅂ'음을 낸다.

p

b의 발음요령과 같으나 입김을 더 강하게 내보내면서 우리말의 'ㅍ' 음을 낸다.

m

아래 위 입술을 다물었다가 떼면서 우리말의 'ㅁ' 음을 낸다. 비음이다.

f

윗니의 끝에 아랫입술을 가볍게 갖다 대고 그 사이로 기류를 마찰시켜 내는 소리로 영어의 f 발음과 비슷하다.

설첨음 舌尖音   혀끝과 윗잇몸이 작용하여 내는 소리이다. 'e'를 붙여서 발음한다.

d

혀끝을 윗잇몸에 붙이고 있다가 떼면서 우리말의 'ㄷ'음을 낸다.

t

d의 발음 요령과 같으나 입김을 더 강하게 내보내면서 우리말의 'ㅌ' 음을 낸다.

n

혀끝을 윗잇몸에 붙이고 있다가 떼면서 우리말의 'ㄴ'음을 낸다. 비음이다.

l

혀끝을 세워 치경 앞에 붙이고 있다가 떼면서 영어의 'l' 발음을 낸다.

설근음 舌根音   혀뿌리와 여린입천장이 작용하여 내는 소리이다. 'e'를 붙여 발음한다.

g

혀뿌리를 올려 연구개에 붙였다가 떼면서 우리말의 'ㄱ'음을 낸다.

k

g와 발음요령은 같으나 입김을 더 강하게 내보내면서 우리말의 'ㅋ'음을 낸다.

h

혀뿌리를 올려 연구개에 접근시키고 그 사이로 기류를 마찰시켜 우리말의 'ㅎ' 같은 음을 낸다.

설면음 舌面音   혓바닥과 경구개가 작용하여 내는 소리이다. 'i'를 붙여 발음한다.

j

혓바닥을 올려 경구개에 가볍게 붙였다가 떼면서 그 사이로 기

류를 마찰시켜 우리말의 'ㅈ'처럼 발음한다. 'q, j'와 발음 요령은
같으나 입김을 더 강하게 내보내면서 우리말의 'ㅊ' 음을 낸다.

x

혓바닥을 올려 경구개에 가볍게 붙였다가 떼면서 그 사이로 기
류를 마찰시켜 우리말의 'ㅅ'처럼 발음한다. 이때 혀가 이에 닿
지 않도록 주의한다.

권설음 卷舌音 혀끝 뒤편과 경구개가 작용하여 나는 소리이다. 'i'(으)를
붙여 발음한다.

zh

혀끝을 안쪽으로 말아 올려 혀끝 뒤쪽이 경구개에 가볍게 닿게
한 뒤 약간 떼면서 기류를 그 사이로 마찰시켜 우리말의 'ㅈ'
음을 낸다. (혀는 앞으로 펴지 않고 그 모양을 유지한다.)

ch

'zh'와 발음 요령은 같으나 입김을 더 강하게 내보면서 우리말
의 'ㅊ' 음을 낸다.

sh

혀끝을 안쪽으로 말아 올려 혀끝 뒤쪽이 경구개에 닿을 듯 말
듯한 상태에서 그 사이로 기류를 마찰시켜 'ㅅ' 음을 낸다.

r

sh의 발음요령은 같으나 성대를 울리면서 우리말의 'ㄹ' 비슷한
음을 낸다.

설치음 舌齒音　혀끝과 윗니가 작용하여 내는 소리이다. 'i'(으)를 붙여
발음한다.

z

아랫니와 윗니를 맞물고 혀끝을 앞으로 쭉 뻗쳐 윗니에 붙였다
떼면서 그 사이로 기류를 마찰시켜 우리말의 'ㅉ'음을 낸다.

c

z와 발음요령은 같으나 입김을 더 강하게 내보면서 우리말의
'ㅊ'음를 낸다.

s

아랫니와 윗니를 맞물고 혀끝이 위 앞니 뒷면에 닿을 듯 말 듯한
상태에서 그 사이로 기류를 마찰시켜 우리말의 'ㅆ'음을 낸다.

17

1 사성 四声(sìshēng)

중국어는 다른 언어와 다르게 특별한 높낮이를 가지는데, 이것을 네 가지로 구분해서 소리를 낸다고 하여 4성(四声)이라고 한다.

보통 성조를 표시할 때 옆과 같은 그림으로써 높낮이를 구분한다. 여기서 중간음은 일반적인 대화를 할 때 자신이 내는 음의 높이를 말한다.

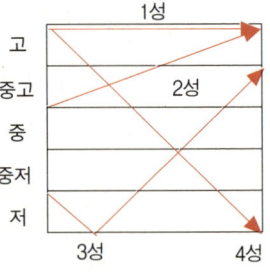

이 중간음을 기준으로 조금 높게 발음하면 고음, 즉 1성의 소리 영역이 되고, 이 중간음에서 약간 낮게 발음하면 3성을 낼 수가 있다.

보통 말하는 톤은 사람마다 다르기 때문에 그 음역도 따라서 달라진다. 일반적으로 남자는 좀 더 낮은 톤으로 여자는 높은 톤으로 발음한다.

1성 : 높고 길게 발음한다.

2성 : 중간에서 높은 음으로 올리며 내는 소리이다.

3성 : 중저음에서 저음으로 내렸다가 다시 올리면서 발음한다.

4성 : 짧고 세게 발음한다.

2 성조의 변화

❶ 반 3성

3성에 해당하는 글자 뒤에 3성이 아닌 글자가 오면 이어서 발음할 때, 3성 성조의 앞부분 즉, 내려오는 부분만 발음하는 것을 말한다. 표기는 그대로 한다.

3성+3성일 때는 앞 3성은 2성으로 발음한다.
앞뒤로 3성인 글자가 올 때는 앞에 읽는 3성은 2성으로 발음한다. 표기는 그대로 한다.

❷ 경 성

두 음절 이상의 단어 중에서 마지막 음절이 종종 본래의 성조를 잃고 짧고 약하게 발음되는 경우가 있는데, 이것을 경성(轻声)이라고 하며 일반적으로 성조를 표시하지 않는다.
 ① 각종 조사
 ② 각종 접미사
 ③ 동음이 중첩된 명사나 동사의 두 번째 음절
 ④ 방위사
 ⑤ 방향 보어
 ⑥ 중복동사 사이의 一(yī 이) 와 不(bù 뿌)

❸ 성조 부호 표시법

성조 부호는 주요 모음인 'a, e, o, i, u' 위에 붙는다. 모음이 두 개 이상일 경우 두 모음 중 입이 더 벌려지는 순서로 표기한다.

❹ 儿化 얼화

'r' 발음이 다른 음절 뒤에 접미사로 쓰여서 어음을 변화시키는 것을 儿化 라고 한다.

☐ 0	零(líng)	링
☐ 1	一(yī)	이
☐ 2	二(èr)	얼
☐ 3	三(sān)	싼
☐ 4	四(sì)	쓰
☐ 5	五(wǔ)	우
☐ 6	六(liù)	리우
☐ 7	七(qī)	치
☐ 8	八(bā)	빠
☐ 9	九(jiǔ)	지우
☐ 10	十(shí)	스
☐ 11	十一(shíyī)	스이
☐ 12	十二(shíèr)	스얼
☐ 13	十三(shísān)	스싼
☐ 14	十四(shísì)	스쓰
☐ 15	十五(shíwǔ)	스우
☐ 16	十六(shíliù)	스리우
☐ 17	十七(shíqī)	스치
☐ 18	十八(shíbā)	스빠
☐ 19	十九(shíjiǔ)	스지우
☐ 20	二十(èrshí)	얼스

Part

도착
到达

 # 기내에서

□ 안녕하십니까? 탑승권을 보여주시겠습니까?

닌 하오, 마 판 닌 께이 워 칸 이 샤 닌 더 떵 지 파이.

您好， 麻烦您给我看一下您的登机牌。
nín hǎo má fán nín gěi wǒ kàn yí xià nín de dēng jī pái

□ 제 탑승권입니다.

쩌 스 워 더 떵 지 파이.

这是的我的登机牌。
zhè shì de wǒ de dēng jī pái

□ (탑승권을 보이며) 제 자리는 어디인가요?

칭 원 워 더 쭈오 웨이 짜이 나 리?

请问我的座位在哪里?
qǐng wèn wǒ de zuò wèi zài nǎ lǐ

□ 제 좌석을 찾아주시겠어요?

넝 빵 워 자오 쭈오 웨이 마?

能帮我找座位吗?
néng bāng wǒ zhǎo zuò wèi má

□ 제 좌석까지 안내해주실 수 없습니까?

넝 뿌 넝 링 워 따오 워 더 쭈오 웨이 상?

能不能领我到我的座位上。
néng bù néng lǐng wǒ dào wǒ de zuò wèi shàng

□ 금연석으로 바꿔주세요

워 야오 후안 따오 진 이엔 씨.

我要换到禁烟席。
wǒ yào huàn dào jìn yān xí

22

☐ 좌석을 바꿀 수 있겠습니까?

넝 뿌 넝 후안 쭈오 웨이.

能 不 能 换 座 位?
néng bù néng huàn zuò wèi

☐ 저는 주스를 마시겠습니다.

워 야오 꾸오 즈.

我 要 果 汁。
wǒ yào guǒ zhī

☐ 어떤 주스를 드릴까요?

닌 야오 선 머 꾸오 즈?

您 要 什 么 果 汁?
nín yào shén mè guǒ zhī

☐ 사과주스로 주세요.

워 야오 핑 꾸오 즈.

我 要 苹 果 汁。
wǒ yào píng guǒ zhī

☐ 커피를 마시겠습니다.

워 야오 허 카 페이.

我 要 喝 咖 啡。
wǒ yào hē kā fēi

☐ 콜라 한 잔 주세요.

칭 께이 워 이 뻬이 커 러.

请 给 我 一 杯 可 乐。
qǐng gěi wǒ yì bēi kě lè

☐ 저는 맥주를 마시겠습니다.

워 씨앙 야오 피 지우.

我 想 要 啤 酒
wǒ xiǎng yào pí jiǔ

☐ 마시지 않겠습니다. 감사합니다.

워 뿌 허, 씨에 씨에.

我不喝，谢谢。
wǒ bù hē　xiè xiè

☐ 한국어 신문은 있습니까?

여우 메이 여우 한 원 빠오 즈.

有没有韩文报纸？
yǒu méi yǒu hán wén bào zhǐ

☐ 화장실은 어디에 있습니까?

씨 소우 지엔 짜이 나ㄹ?

洗手间在哪儿？
xǐ shǒu jiān zài nǎ　r

☐ 좌석을 바꿔 앉아도 됩니까?

커 뿌 커 이 후안 쭈오 웨이?

可不可以换座位？
kě bù kě yǐ huàn zuò wèi

☐ 담요 한 장 주세요.

칭 께이 워 이 콰이 마오 탄.

请给我一块毛毯。
qǐng gěi wǒ yī kuài máo tǎn

☐ 한국어를 아는 스튜어디스가 있습니까?

여우 메이 여우 후이 한 꾸오 위 더 샤오 지에?

有没有会韩国语的小姐？
yǒu méi yǒu huì hán guó yǔ　de xiǎo jiě

☐ 몸이 좀 불편합니다.

워 여우 디엔 뿌 수 푸.

我有点不舒服。
wǒ yǒu diǎn bù shū fú

24

□ 어디가 아프세요?

닌 나ㄹ 뿌 수 푸 ?

您哪儿不舒服?
nín nǎ r bù shū fú

□ 머리가 아픕니다. 약이 있습니까?

워 토우 텅, 여우 야오 마 ?

我头疼, 有药吗?
wǒ tóu téng yǒu yào ma

□ 감기에 걸렸습니다. 약이 있습니까?

워 더 러 깐 마오, 여우 메이 여우 야오 ?

我得了感冒, 有没有药?
wǒ dé le gǎn mào yǒu méi yǒu yào

□ 멀미가 납니다. 약이 있습니까?

워 윈 지, 여우 야오 마 ?

我晕机, 有药吗?
wǒ yūn jī yǒu yào ma

□ 머리가 좀 아픕니다.

워 토우 여우 디엔 텅.

我头有点疼。
wǒ tóu yǒu diǎn téng

□ 토할 것 같습니다. 위생봉투를 주세요.

워 씨앙 투, 넝 께이 칭 지에 따이 마 ?

我想吐, 能给清洁袋吗?
wǒ xiǎng tǔ néng gěi qīng jié dài ma

□ 승객들 중에 의사가 있습니까?

페이 지 청 커 종 여우 메이 여우 이 성 ?

飞机乘客中有没有医生?
fēi jī chéng kè zhōng yǒu méi yǒu yī shēng

☐ 비행기는 몇 시에 도착합니까?

페이 지 지 디엔 따오 다 ?

飞机几点到达?
fēi jī jǐ diǎn dào dá

☐ 북경의 날씨는 어떻습니까?

베이 징 더 티엔 치 전 머 양 ?

北京的天气怎么样?
běi jīng dè tiān qì zěn mè yàng

☐ 목적지까지 아직 얼마나 남았습니까?

리 무 띠 띠 하이 여우 뚜오 창 스 지엔 ?

离目的地还有多长时间?
lí mù di dì hái yǒu duō cháng shí jiān

☐ 입국신고카드 한 장 주세요.

칭 께이 워 이 장 루 징 떵 지 카.

请给我一张入境登记卡。
qǐng gěi wǒ yī zhāng rù jìng dēng jì kǎ

☐ 몇 시간 비행해야 합니까?

페이 지 야오 페이 뚜오 창 스 지엔.

飞机要飞多长时间?
fēi jī yào fēi duō cháng shí jiān

☐ 면세품을 기내에서 판매하나요?

지 네이 여우 미엔 수이 핀 마이 마?

机内有免税品买吗?
jī nèi yǒu miǎn shuì pǐn mǎi má

☐ 술과 담배를 사고 싶은데요.

워 씨양 마이 지유 허 이엔

我想买酒和烟。
wǒ xiǎng mǎi jiǔ hé yān

26

여객선에서

☐ 여객선은 몇 시에 출발합니까?

커 룬 지 디엔 추 파 ?

客轮几点出发?
kè lún jǐ diǎn chū fā

☐ 출발까지 몇 시간 남았습니까?

리 추 파 하이 여우 뚜오 창 스 지엔 ?

离出发还有多长时间?
lí chū fā hái yǒu duō cháng shí jiān

☐ 하루에 여객선은 몇 번 다닙니까?

이 티엔 여우 지 탕 커 룬 ?

一天有几趟客轮?
yī tiān yǒu jǐ tàng kè lún

☐ 몇 시간 항해하는가요?

야오 항 씽 지 거 싸오 스 ?

要航行几个小时?
yào háng xíng jǐ gè xiǎo shí

☐ 몇 시에 목적지에 도착합니까?

지 디엔 따오 무 더 디 ?

几点到目的地?
jǐ diǎn dào mù de dì

☐ 몇 번 부두에서 배에 오릅니까?

짜이 지 하오 마 토우 상 추안 ?

在几号码头上船?
zài jǐ hào mǎ tóu shàng chuán

27

□ 배에는 어떤 객실이 있습니까?

추안 상 또우 여우 선 머 양 더 커 창 ?

船上都有什么样的客舱?
chuán shàng dōu yǒu shén me yàng de　kè cāng

□ 배에는 특등실이 있습니까?

추안 상 여우 메이 여우 하오 후아 창 ?

船上有没有豪华舱?
chuán shàng yǒu méi yǒu háo huá cāng

□ 배에 식당이 있습니까?

추앙 상 여우 찬 팅 마 ?

船上有餐厅吗?
chuán shàng yǒu cān tīng ma

□ 2등선실 표를 주세요.

워 야오 얼 떵 창 더 파오.

我要二等舱的票。
wǒ yào　èr děng cāng de piào

□ 이 선실은 어떻게 갑니까?

칭 원 저 거 커 창 쩐 머 쩌우 ?

请问这个客舱怎么走?
qǐng wèn zhè gè　kè cāng zěn me zǒu

□ 2등선실은 어떻게 갑니까?

칭 원, 얼 떵 창 쩐 머 쩌우 ?

请问, 二等舱怎么走?
qǐng wèn　　èr děng cāng zěn me zǒu

□ 이 선실은 어디에 있습니까?

저 꺼 추안 창 짜이 나ㄹ ?

这个船舱在哪儿?
zhè gè chuáncāng zài nǎ　r

□ 뱃멀미를 합니다. 약이 있습니까?

워 여우 디엔 윈 추안, 여우 메이 여우 야오 ?

我有点晕船, 有没有药?
wǒ yǒu diǎn yūn chuán   yǒu méi yǒu yào

□ 갑판에 가서 신선한 공기를 마시고 싶습니다.

워 야오 따오 지아 빤 상 후 씨 씬 씨엔 콩 치.

我要到甲板上呼吸新鲜空气。
wǒ yào dào jiǎ bǎn shàng hū xī xīn xiān kōng qì

□ 토할 것 같습니다.

워 콰이 야오 투 러.

我快要吐了
wǒ kuài yào tǔ le

□ 구명조끼는 어디에 있습니까?

지우 성 푸 짜이 나 리 ?

救生服在哪里?
jiù shēng fú zài nǎ lǐ

□ 제 방 열쇠가 보이지 않습니다.

워 더 팡 먼 야오 츠 뿌 지엔 러.

我的房门钥匙不见了。
wǒ dè fáng mén yào chí bù jiàn le

□ 배에 의사 선생님이 계십니까?

추안 상 여우 이 성 마 ?

船上有医生吗?
chuán shàng yǒu yī shēng ma

□ 갑판에 가서 경치를 구경해요.

따오 지아 빤 상 칸 펑 징 바.

到甲板上看风景吧。
dào jiǎ bǎn shàng kàn fēng jǐng ba

□ 배에서 바다를 보니 또 다른 멋이 있네요.

짜이 추안 상 칸 따 하이 삐에 여우 펑 웨이.

在船上看大海别有风味。
zài chuánshàng kàn dà hǎi bié yǒu fēng wèi

□ 바다가 아주 아름답습니다.

따 하이 헌 퍄오 리앙.

大海很漂亮。
dà hǎi hěn piāo liàng

□ 바다에는 파도가 아주 큽니다.

하이 상 랑 헌 따.

海上浪很大。
hǎi shàng làng hěn dà

□ 갑판에 바람이 세게 불고 있으니까, 옷을 더 입고 가세요.

지아 빤 상 펑 따, 니 뚜오 추안 디엔 이 푸 빠.

甲板上风大，你多穿点衣服吧。
jiǎ bǎn shàng fēng dà　　nǐ duō chuān diǎn yī fú ba

□ 해상 일몰이 아주 아름답습니다.

하이 상 루오 르 헌 하오 칸.

海上落日很好看。
hǎi shàng luò rì hěn hǎo kàn

□ 이 배는 언제 도착합니까?

저 타오 추안 선 머 스 허우 따오 ?

这条船什么时候到？
zhè tiáochuánshén me shí hòu dào

□ 아, 등대불빛이 보입니다.

아! 칸 지엔 떵 타 더 떵 꾸앙 러.

啊！看见灯塔的灯光了。
ā　　kàn jiàndēng tǎ de dēngguāng le

⊞ WORD FILE

☐ 공항	机场(jīchǎng)	지창
☐ 비행기	飞机(fēijī)	페이지
☐ 항공권	机票(jīpiào)	지퍄오
☐ 여권	护照(hùzhào)	후자오
☐ 입국카드	入境卡(rùjìngkǎ)	루징카
☐ 비행편	航班(hángbān)	항빤
☐ 예약	预约(yùyuē)	위위에
☐ 예약확인	确认(quèrèn)	취에런
☐ 일등석	头等舱(tóuděngcāng)	토우떵창
☐ 이등석	经济舱(jīngjìcāng)	징지창
☐ 여객선	客轮(kèlún)	커룬
☐ 뱃멀미	晕船(yūnchuán)	윈추안
☐ 현지시간	当地时间(dāngdìshíjiān)	당디스지엔
☐ 좌석번호	座位号码(zuòwèihàomǎ)	쭈오웨이하오마
☐ 안전벨트	安全带(ānquándài)	안취엔따이
☐ 비상문	太平门(tàipíngmén)	타이핑먼
☐ 흡연석	吸烟席(xīyānxí)	씨얀씨
☐ 담요	毛毯(máotǎn)	마오탄
☐ 베개	枕头(zhěntóu)	전토우
☐ 이어폰	耳机(ěrjī)	얼지
☐ 잡지	杂志(zázhì)	자즈
☐ 신문	报纸(bàozhǐ)	빠오즈
☐ 위생봉투	清洁袋(qīngjiédài)	칭지에따이
☐ 화장실	厕所(cèsuǒ)	처수오

 # 입국심사

☐ **여권을 보여주십시오**

칭 추 스 닌 더 후 자오.

请出示您的护照。
qǐng chū shì nín dè hù zhào

☐ **여권을 보여주시겠습니까?**

칭 랑 워 칸 이 씨아 닌 더 후 자오.

请让我看一下您的护照。
qǐng ràng wǒ kàn yí xià nín dè hù zhào

☐ **증명서를 보여주십시오**

칭 추 스 닌 더 정 지엔.

请出示您的证件。
qǐng chū shì nín dè zhèng jiàn

☐ **신분증을 보여주시겠습니까?**

넝 께이 워 칸 이 씨아 닌 더 선 펀 정 마?

能给我看一下您的身份证吗?
néng gěi wǒ kàn yī xià nín dè shēn fèn zhèng ma

☐ **입국신고서를 기입해주세요**

칭 티엔 루 징 덩 지 카.

请填入境登记卡。
qǐng tián rù jìng dēng jì kǎ

☐ **입국카드를 한 장 기입해주세요**

칭 닌 티엔 이 장 루 징 덩 지 카.

请您添一张入境登记卡。
qǐng nín tián yì zhāng rù jìng dēng jì kǎ

□ 입국카드는 어디에서 씁니까?

루 징 덩 지 카 짜이 나ㄹ 티엔?

入境登记卡在哪儿添?
rù jìng dēng jì kǎ zài nǎ r tiān

□ 먼저 이 카드를 잘 기입하십시오.

칭 씨엔 티엔 하오 저 장 카.

请先填好这张卡。
qǐng xiān tián hǎo zhè zhāng kǎ

□ 어디에서 오셨습니까?

닌 총 나 리 라이?

您从哪里来?
nín cóng nǎ lǐ lái

□ 중국에 오신 목적은 무엇입니까?

라이 종 꾸오 더 무 더 스 선 머?

来中国的目的是什么?
lái zhōng guó de mù de shì shén me

□ 입국 목적은 무엇입니까?

루 징 무 더 스 선 머?

入境目的是什么?
rù jìng mù de shì shén me

□ 방문 목적은 무엇입니까?

라이 팡 무 더 스 선 머?

来访目的是什么?
lái fǎng mù de shì shén me

□ 여행 목적은 무엇인가요?

리우 씽 무 더 스 선 머?

旅行目的是什么?
lǔ xíng mù de shì shén me

33

□ 사업차 왔습니다.

워 스 라이 쭈오 셩 이 더.

我是来做生意的。
wǒ shì lái zuò shēng yì de

□ 관광(상용)으로 왔습니다.

워 스 라이 꾸안 꾸앙(쭈오 상 우) 더.

我是来观光(做商务)的。
wǒ shì lái guāng guāng zuò shāng wù de

□ 출장입니다.

스 인 꽁 추 차.

是因公出差。
shì yīn gōng chū chā

□ 며칠 계실 겁니까?

따 수안 또우 리우 지 티엔.

打算逗留几天?
dǎ suàn dòu liú jǐ tiān

□ 며칠이나 중국에 머무실 겁니까?

닌 따 수안 짜이 종 꾸오 또우 리우 지 티엔 ?

您打算在中国逗留几天?
nín dǎ suàn zài zhōng guó dòu liú jǐ tiān

□ 1주일입니다.

이 꺼 씽 치.

一个星期。
yī gè xīng qī

□ 3주간 머물 예정입니다.

워 따 쑤안 팅 리우 싼 거 씽 치.

我打算停留三个星期。
wǒ dǎ suàn tíng liú sān gè xīng qī

□ 중국에서는 어디에서 머물 예정입니까?

닌 짜이 쫑 꾸오 준 뻬이 주 날?

您在中国准备住哪儿?
nín zài zhōng guó zhǔn bèi zhù nǎ r

□ 어디에 묵으실 예정입니까?

닌 따 쑤안 주 짜이 나 리?

您打算住在哪里?
nín dǎ suàn zhù zài nǎ li

□ 아직 정하지 않았습니다.

하이 메이 여우 주에 띵.

还没有决定。
hái méi yǒu jué dìng

□ 베이징 호텔에 머물 예정입니다.

워 따 수안 주 베이 징 판 띠엔.

我打算住北京饭店。
wǒ dǎ suàn zhù běi jīng fàn diàn

□ 어느 도시로 다닐 겁니까?

또우 따오 나 씨에 청 스?

都到哪些城市?
dōu dào nǎ xiē chéng shì

□ 중국은 처음입니까?

띠 이 츠 라이 쫑 꾸오 마?

第一次来中国吗?
dì yī cì lái zhōng guó má

□ 예방접종 증명서를 보여 주세요.

칭 추 스 위 팡 지에 쫑 정 밍 수.

请出示预防接种证明书。
qǐng chū shì yù fáng jiē zhǒng zhèng míng shū

 # 짐찾기

□ 짐은 어디서 찾습니까?

> 짜이 나ㄹ 취 씽 리.

在哪儿取行李?
zài nǎ r qǔ xíng lǐ

□ 실례지만, 짐 찾는 곳이 어디에 있죠?

> 칭 원, 링 취 씽 리 더 디 팡 짜이 나ㄹ?

请问, 领取行李的地方在哪儿?
qǐng wèn   lǐng qǔ xíng lǐ dè dì fāng zài nǎ r

□ 저쪽에 짐을 찾는 곳이 있습니다.

> 나 삐엔 여우 취 씽 리 더 디 팡.

那边有取行李的地方。
nà biān yǒu qǔ xíng lǐ dè dì fāng

□ 수화물을 수취하는 곳이 어디에 있는지 아십니까?

> 니 즈 따오 씽 리 링 취 추 짜이 선 머 디 팡 마?

你知道行李领取处在什么地方吗?
nǐ zhī dào xíng lǐ lǐng qǔ chù zài shén mè dì fāng ma

□ 실례합니다, 어디에서 짐을 찾을 수 있죠?

> 칭 원, 짜이 나ㄹ 커 이 취 씽 리?

请问, 在哪儿可以取行李?
qǐng wèn   zài nǎ r kě yǐ qǔ xíng lǐ

□ 앞으로 곧장 가시면 됩니다.

> 왕 치엔 이 즈 쩌우 지우 스.

往前一直走就是。
wǎng qián yī zhí zǒu jiù shì

□ 그곳으로 가면 찾을 수 있을 거예요.

니 후이 자오 따오 더.

你会找到的。
nǐ huì zhǎo dào de

□ 한번 확인해주시겠어요?

넝 빵 워 차 이 씨아 마 ?

能帮我查一下吗？
néng bāng wǒ chá yí xià ma

□ 제 짐이 어디에 있는지 확인해주세요.

빵 워 취에 런 이 씨아 워 더 씽 리 짜이 나ㄹ.

帮我确认一下我的行李在哪儿。
bāng wǒ què rèn yí xià wǒ de xíng lǐ zài nǎ r

□ 잠시만 기다리세요. 제가 곧 확인해드리겠습니다.

칭 닌 사오 덩,   워 마 샹 께이 닌 취에 런.

请您稍等，我马上给您确认。
qǐng nín shāo děng   wǒ mǎ shàng gěi nín què rèn

□ 제 짐이 도착했는지를 봐주세요.

빵 워 칸 이 씨아 워 더 씽 리 따오 메이 따오.

帮我看一下我的行李到没到。
bāng wǒ kàn yí xià wǒ de xíng lǐ dào méi dào

□ 이 트렁크는 제 것입니다.

저 거 피 씨앙 스 워 더.

这个皮箱是我的。
zhè gè pí xiāng shì wǒ de

□ 당신 것이라고 확신할 수 있습니까?

니 취에 씬 스 니 더 마 ?

你确信是你的吗？
nǐ què xìn shì nǐ de ma

37

□ 제 짐이 보이지 않습니다.

워 더 씽 리 뿌 지엔 러.

我的行李不见了。
wǒ dè xíng lǐ bù jiàn le

□ 수화물 하나가 모자랍니다.

투오 위엔 더 씽 리 이 지엔.

托运的行李一件。
tuō yùn dè xíng lǐ yī jiàn

□ 짐이 몇 개입니까?

닌 여우 지 지엔 씽 리 ?

您有几件行李?
nín yǒu jǐ jiàn xíng lǐ

□ 이것이 보관증입니다.

저 쓰 씽 리 빠오 꾸안 정.

这是行李保管证。
zhè shì xíng lǐ bǎo guǎn zhèng

□ 이 서류를 작성해 주십시오

칭 짜이 저 장 빠오 샹 씨에 이 씨아.

请在这张表上写一下。
qǐng zài zhè zhāng biǎo shàng xiě yī xià

□ 짐을 찾으면 어디로 보내 드릴까요?

자오 따오 씽 리 허우, 송 따오 선 머 디 팡 ?

找到行李后，送到什么地方?
zhǎo dào xíng lǐ hòu sòng dào shén mè dì fāng

□ 이 연락처로 부탁드립니다.

칭 위 저ㄹ 리엔 씨.

请与这儿联系。
qǐng yǔ zhè r lián xì

 # 세관검사

□ 세관은 어디에 있습니까?

칭 원, 하이 꾸안 짜이 날?

请问, 海关在哪儿?
qǐng wèn　　hǎi guān zài nǎ　r

□ 신고해야 합니까?

쑤 야오 선 빠오 마?

需要申报吗?
xū yào shēn bào ma

□ 신고할 물품이 있습니까?

닌 여우 야오 선 빠오 더 우 핀 마?

您有要申报的物品吗?
nín yǒu yào shēn bào de　wù pǐn mà

□ 없습니다.

메이 여우.

没有。
méi yǒu

□ 신고할 것이 아무것도 없습니다.

워 메이 여우 선 머 야오 선 빠오 더.

我没有什么要申报的。
wǒ méi yǒu shén me　yào shēn bào de

□ 이 물건들은 신고하려는 것입니까?

저 씨에 스 닌 야오 선 빠오 더 우 핀 마?

这些是您要申报的物品吗?
zhè xiē shì nín yào shēn bào de　wù pǐn mà

□ 더 신고하실 것은 없습니까?

하이 여우 야오 선 빠오 더 마 ?

还有要申报的吗?
hái yǒu yào shēn bào dè má

□ 특별한 것은 없습니다.

메이 선 머 터 삐에 더.

没什么特别的。
méi shén mè tè bié dè

□ 이런 물품도 신고해야 합니까?

저 종 우 핀 이에 쑤 야오 선 빠오 마 ?

这种物品也需要申报吗?
zhè zhǒng wù pǐn yě xū yào shēn bào ma

□ 가방을 열어 주세요.

칭 따 카이 저 거 빠오.

请打开这个包。
qǐng dǎ kāi zhè gè bāo

□ 이 가방을 열어주시겠어요?

칭 빵 우 따 카이 저 거 빠오.

请帮我打开这个包。
qǐng bāng wǒ dǎ kāi zhè gè bāo

□ 이 짐을 펼쳐도 됩니까?

저 거 씽 리 넝 랑 워 따 카이 칸 칸 마 ?

这个行李能让我打开看看吗?
zhè gè xíng lǐ néng ràng wǒ dǎ kāi kàn kàn ma

□ 이 안에는 뭐가 들었죠?

저 리 여우 선 머 동 씨 ?

这里有什么东西?
zhè lǐ yǒu shén mè dōng xī

40

□ 짐을 펼쳐주시겠어요?

칭 빠 씽 리 따 카이 께이 워 칸 칸.

请把行李打开给我看看。
qǐng bǎ xíng lǐ dǎ kāi gěi wǒ kàn kàn

□ 이것은 무엇입니까?

저 스 선 머 ?

这是什么?
zhè shì shén me

□ 일용품과 선물입니다.

저 스 르 용 핀 허 리 핀.

这是日用品和礼品。
zhè shì rì yòng pǐn hé lǐ pǐn

□ 친구에게 줄 선물입니다.

저 스 송 께이 펑 여우 더 리 핀.

这是送给朋友的礼品。
zhè shì sòng gěi péng yǒu de lǐ pǐn

□ 이 짐은 모두 당신 것입니까?

저 씨에 씽 리 또우 스 닌 더 마 ?

这些行李都是您的吗?
zhè xiē xíng lǐ dōu shì nín de ma

□ 예, 모두 제 것입니다.

스, 저 씨에 또우 스 워 더.

是, 这些都是我的。
shì   zhè xiē dōu shì wǒ de

□ 알겠습니다. 됐습니다.

밍 빠이 러. 하오 러.

明白了。好了。
míng bái le   hǎo le

41

✛ WORD FILE

☐ 입국관리	入境管理(rùjìngguǎnlǐ)	루징꾸안리
☐ 여권번호	护照号码(hùzhàohàomǎ)	후자오하오마
☐ 발급기관	发行机关(fāxíngjīguān)	파씽지꾸안
☐ 출발지	出发地点(chūfādìdiǎn)	추파띠디엔
☐ 연락처	联络地址(liánluòdìzhǐ)	리엔루오띠즈
☐ 국적	国籍(guójí)	꾸오지
☐ 유효	有效(yǒuxiào)	여우쌰오
☐ 무효	无效(wúxiào)	우쌰오
☐ 성별	性别(xìngbié)	씽삐에
☐ 연령	年龄(niánlíng)	니엔링
☐ 직업	职业(zhíyè)	즈이에
☐ 주소	住址(zhùzhǐ)	주즈
☐ 미혼	未婚(wèihūn)	웨이훈
☐ 기혼	已婚(yǐhūn)	이훈
☐ 여행목적	旅行目的(lǚxíngmùdè)	뤼씽무더
☐ 업무	业务(yèwù)	이에우
☐ 여행	旅游(lǚyóu)	뤼여우
☐ 목적지	目的地(mùdédì)	무더띠
☐ 방역증명서	防疫证(fángyìzhèng)	팡이정
☐ 식물검역	植物检疫(zhíwùjiǎnyì)	즈우지엔이
☐ 세관	海关(hǎiguān)	하이꾸안
☐ 짐	行李(xínglǐ)	씽리
☐ 신고하다	申报(shēnbào)	선빠오
☐ 일용품	日用品(rìyòngpǐn)	르용핀

 # 환전 · 면세점

☐ 어디서 외화를 환전할 수 있나요?

짜이 나ㄹ 커 이 뚜이 후안 와이 후이 ?

在哪儿可以兑换外汇?
zài nǎ r kě yǐ duì huàn wài huì

☐ 여기서 환전할 수 있나요?

저 리 커 이 후안 치엔 마?

这里可以换钱吗?
zhè lǐ kě yǐ huàn qián má

☐ 이 돈을 달러로 바꿔 주십시오

칭 빠 저 치엔 후안 청 메이 위엔.

请把这钱换成美元。
qǐng bǎ zhè qián huàn chéng měi yuán

☐ 인민폐 1원은 한국돈 얼마입니까?

이 런 민 삐 스 뚜오 사오 한 삐 ?

一人民币是多少韩币?
yī rén mín bì shì duō shǎo hán bì

☐ 수표를 현금으로 바꾸고 싶습니다.

워 씨앙 바 즈 퍄오 뚜이 청 씨엔 진.

我想把支票兑成现金。
wǒ xiǎng bǎ zhī piào duì chéng xiàn jīn

☐ 이것은 현재 환율표입니다.

저 스 무 치엔 더 뚜이 후안 후안 수안 뺘오.

这是目前的兑换换算表。
zhè shì mù qián de duì huàn huàn suàn biǎo

□ 인민폐를 달러로 환전하고 싶습니다.

워 씨앙 빠 런 민 삐 후안 청 메이 위엔.

我想把人民币换成美元。
wǒ xiǎng bǎ rén mín bì huànchéng měi yuán

□ 잔돈으로 좀 바꾸고 싶습니다.

워 씨앙 후안 띠엔 링 치엔.

我想换点零钱。
wǒ xiǎnghuàndiǎn língqián

□ 동전으로 바꿔 주십시오.

칭 께이 워 후안 잉 삐.

请给我换硬币。
qǐng gěi wǒ huànyìng bì

□ 실례합니다만, 면세점이 어디에 있죠?

칭 원, 미엔 수이 디엔 짜이 나ㄹ?

请问，免税店在哪儿?
qǐng wèn miǎn shuì diàn zài nǎ r

□ 면세점은 어느 곳에 있습니까?

미엔 수이 디엔 짜이 선 머 디 팡?

免税店在什么地方?
miǎn shuì diàn zài shén mè dì fāng

□ 면세점은 3층에 있습니다.

미엔 수이 디엔 짜이 싼 로우.

免税店在三楼。
miǎn shuì diàn zài sān lóu

□ 몇 가지 기념품(선물)을 사고 싶습니다.

워 씨앙 마이 씨에 지 니엔 핀(리 핀).

我想买些纪念品(礼品)。
wǒ xiǎngmǎi xiē jì niàn pǐn lǐ pǐn

11

 **공항안내소 · 마중**

☐ 여행안내소는 어디에 있습니까?

칭 원, 뤼 씽 원 쑨 추 짜이 나ㄹ ?

请问, 旅行问讯处在哪儿?
qǐng wèn   lǚ xíng wèn xùn chù zài nǎ r

☐ 시내로 들어가는 리무진 버스가 있나요?

여우 진 스 네이 더 빤 처 마 ?

有进市内的班车吗?
yǒu jìn shì nèi de bān chē má

☐ 버스(택시) 정거장은 어디에 있나요?

꿍 공 치 처 (추 쭈 치 처) 잔 짜이 나ㄹ ?

公共汽车(出租汽车)站在哪儿?
gōng gòng qì chē   chū zū qì chē   zhàn zài nǎ r

☐ 베이징 호텔은 어떻게 갑니까?

취 베이 징 판 띠엔 쩐 머 쪼우 ?

去北京饭店怎么走?
qù běi jīng fàn diàn zěn me zǒu

☐ 베이징 호텔로 가는 리무진 버스는 어디서 탑니까?

취 베이 징 판 띠엔 더 빤 처 짜이 나ㄹ 쭈오 ?

去北京饭店的班车在哪儿坐?
qù běi jīng fàn diàn de bān chē zài nǎ r zuò

☐ 시내지도를 한 장 주세요.

칭 께이 워 이 펀 스 네이 띠 투.

请给我一份市内地图。
qǐng gěi wǒ yī fèn shì nèi dì tú

45

□ 시내전화는 어디서 겁니까?

스 네이 띠엔 후아 짜이 나ㄹ 따 ?

市内电话在哪儿打?
shì nèi diàn huà zài nǎ r dǎ

□ 국제전화는 어디서 겁니까?

꾸오 지 띠엔 후아 짜이 나ㄹ 따 ?

国际电话在哪儿打?
guó jì diàn huà zài nǎ r dǎ

□ 처음 뵙겠습니다. 만나뵙게 되어 기쁩니다.

추 츠 지엔 미엔 ! 넝 지엔 따오 닌 헌 까오 씽.

初次见面! 能见到您很高兴。
chū cì jiàn miàn néng jiàn dào nín hěn gāo xīng

□ 일부러 마중 나오시느라, 수고가 많으셨습니다.

니 터 이 라이 지에 워, 타이 씬 쿠 러.

你特意来接我, 太辛苦了。
nǐ tè yì lái jiē wǒ tài xīn kǔ le

□ 호텔은 여기서 멉니까?

판 띠엔 리 저ㄹ 위엔 마 ?

饭店离这儿远吗?
fàn diàn lí zhè r yuǎn ma

□ 호텔까지 시간이 얼마나 걸립니까?

따오 판 띠엔 쑤 야오 뚜오 창 스 지엔 ?

到饭店需要多长时间?
dào fàn diàn xū yào duō cháng shí jiān

□ 무슨 일이 있으면, 당신을 찾아도 되겠습니까?

여우 선 머 스, 커 이 자오 니 마 ?

有什么事, 可以找你吗?
yǒu shén me shì kě yǐ zhǎo nǐ ma

 # 공항에서 시내로

☐ 카트는 어디서 빌릴 수 있나요?

짜이 나ㄹ 넝 지에 소우 투이 처 ?

在哪儿能借手推车?
zài nǎ r néng jiè shǒu tuī chē

☐ 택시 타는 곳은 어디입니까?

추 쭈 치 처 잔 날 ?

出租汽车站哪儿?
chū zū qì chē zhàn nǎ r

☐ 이 짐만 운반해 주십시오

칭 빠 씽 리 투오 윈 이 씨아.

请把行李托运一下。
qǐng bǎ xíng lǐ tuō yùn yī xià

☐ 이 가방은 제가 들고 가겠습니다.

저 거 씽 리 쯔 찌 링 저 쩌우.

这个行李自己玲着走。
zhè gè xíng lǐ zì jǐ líng zhe zǒu

☐ 괜찮습니다. 무겁지 않아요

메이 꾸안 씨. 뿌 하이 파.

没关系。不害怕。
méi guān xì bù hài pà

☐ 이 짐은 제가 들 수 있어요

저 거 씽 리 워 쯔 지 커 이 링.

这个行李我自己可以玲。
zhè gè xíng lǐ wǒ zì jǐ kě yǐ líng

47

□ 택시 타는 곳까지 짐을 옮겨 주시겠어요?

넝 뿌 넝 빵 워 빠 똥 씨 빤 따오 추 쭈 치 처 잔 ?

能不能帮我把东西搬到出租汽车站?
néng bù néng bāng wǒ bǎ dōng xī bān dào chū zū qì chē zhàn

□ 이 짐들을 공항버스 타는 곳까지만 운반해 주세요.

칭 빠 씽 리 윈 따오 리 지 창 쑨 후안 처 쟈오 진 더 띠 팡.

请把行李运到离机场循环车较近的地方。
qǐng bǎ xíng lǐ yùn dào lí jī chǎng xún huán chē jiào jìn dè dì fāng

□ 베이징 호텔까지 얼마나 요금이 나올까요?

취 베이 징 판 띠엔 야오 뚜오 사오 치엔 ?

去北京饭店要多少钱?
qù běi jīng fàn diàn yào duō shǎoqián

□ 베이징 호텔까지 가 주세요.

칭 쑹 워 따오 베이 징 판 띠엔.

请送我到北京饭店。
qǐng sòng wǒ dào běi jīng fàn diàn

□ 공항버스는 어디서 타나요?

짜이 나ㄹ 쭈오 민 항 빤 처 ?

在哪儿坐民航班车?
zài nǎ r zuò mín háng bān chē

□ 리무진은 몇 시에 출발하나요?

빤 처 지 띠엔 추 파 ?

班车几点出发?
bān chē jǐ diǎn chū fā

□ 표값을 얼마입니까?

퍄오 지아 스 뚜오 사오 치엔 ?

票价是多少钱?
piào jià shì duō shǎoqián

Part 2

숙박
住宿

 # 호텔 예약

□ 베이징 호텔입니까?

스 베이 징 판 띠엔 마 ?

是北京饭店吗?
shì běi jīng fàn diàn má

□ 방을 예약하고 싶습니다.

워 야오 위 띵 팡 지엔.

我要预定房间
wǒ yào yù dìng fáng jiān

□ 방을 예약하고 싶습니다. 방이 있습니까?

워 야오 위 띵 커 팡, 여우 팡 지엔 마 ?

我要预定客房, 有房间吗?
wǒ yào yù dìng kè fáng   yǒu fáng jiān ma

□ 빈방이 있습니까?

여우 콩 팡 마 ?

有空房吗?
yǒu kōng fáng ma

□ 방 두 개를 예약하고 싶습니다.

워 야오 위 위에 리앙 지엔 커 팡.

我要预约两间客房。
wǒ yào yù yuē liǎng jiān kè fáng

□ 어떤 방을 원하십니까?

닌 야요 선 머 양 더 커 팡 ?

您要什么样的客房?
nín yào shén me yàng de kè fáng

☐ 보통 방으로 부탁합니다.

워 씨앙 야오 이 거 빠오 지엔.

我想要一个标准间。
wǒ xiǎng yào yī gè biāozhǔn jiān

☐ 싱글 룸으로 부탁합니다.

워 씨앙 야오 이 거 딴 런 지엔.

我想要一个单人间。
wǒ xiǎng yào yī gè dān rén jiān

☐ 예약을 취소하고 싶습니다.

워 야오 취 쌰오 위 위에.

我要取消预约。
wǒ yào qǔ xiāo yù yuē

☐ 며칠 묵으실 겁니까?

닌 야오 주 지 티엔?

您要住几天?
nín yào zhù jǐ tiān

☐ 이틀 묵을 겁니다.

주 리앙 티엔.

住两天。
zhù liǎng tiān

☐ 하루에 얼마입니까?

팡 페이 이 티엔 뚜오 사오 치엔?

房费一天多少钱?
fáng fèi yì tiān duō shǎo qián

☐ 방 값에 아침식사비가 포함됩니까?

팡 페이 빠오 구아 자오 찬 마?

房费包括早餐吗?
fáng fèi bāo guā zǎo cān ma

51

□ 침대 하나를 더 놓으면 얼마입니까?

지아 이 장 추앙 뚜오 사오 치엔?

加一张床多少钱?
jiā yī zhāng chuáng duō shǎo qián

□ 좀 더 싼 방이 있습니까?

여우 메이 여우 삐엔 이 이 디엔 더 팡 지엔?

有没有便宜一点的房间?
yǒu méi yǒu bián yí yī diǎn dè fáng jiān

□ 방값에 봉사료가 포함됩니까?

팡 페이 빠오 꾸아 푸 우 페이 마?

房费包括服务费吗?
fáng fèi bāo guā fú wù fèi ma

□ 포함되지 않습니다. 봉사료는 따로 받습니다.

뿌 빠오 꾸아, 푸 우 페이 링 소우.

不包括, 服务费另收。
bù bāo guā fú wù fèi lìng shōu

□ 예약해 주십시오.

칭 닌 께이 워 위 위에.

请您给我预约。
qǐng nín gěi wǒ yù yuē

□ 성함을 말씀해 주십시오.

닌 꾸이 씽?

您贵姓?
nín guì xìng

□ 저는 김영수라고 합니다.

워 자오 진 용 소우.

我叫金永守。
wǒ jiào jīn yǒng shǒu

 # 체크인

□ 예약하셨습니까?

닌 위 위에 러 마 ?

您预约了吗?
nín yù yuē le ma

□ 저는 이미 예약했습니다.

워 이 징 위 위에 하오 러.

我已经预约好了。
wǒ yǐ jīng yù yuē hǎo le

□ 저는 이미 인터넷으로 예약했습니다.

워 이 징 짜이 왕 상 위 딩 하오 러.

我已经在网上预定好了。
wǒ yǐ jīng zài wǎng shàng yù dìng hǎo le

□ 저는 예약하지 않았습니다.

워 메이 여우 위 위에.

我没有预约。
wǒ méi yǒu yù yuē

□ 이 숙박카드를 작성해주십시오

칭 티엔 씨에 저 장 주 수 덩 지 카.

请填写这张住宿登记卡。
qǐng tián xiě zhè zhāng zhù sù dēng jì kǎ

□ 누구 이름으로 예약하셨습니까?

닌 용 선 머 밍 쯔 위 딩 더 ?

您用什么名字预定的?
nín yòng shén mě míng zì yù dìng dè

□ 먼저 방을 볼 수 있습니까?

커 이 씨엔 칸 이 씨아 팡 지엔 마 ?

可以先看一下房间吗?
kě yǐ xiān kàn yí xià fáng jiān ma

□ 저는 조용한 방으로 부탁합니다.

워 씨앙 야오 안 징 이 디엔 더 팡 지엔.

我想要安静一点的房间。
wǒ xiǎng yào ān jìng yì diǎn dè fáng jiān

□ 저는 경치가 좋은 방으로 주세요.

워 야오 이 지엔 넝 칸 따오 하오 펑 징 더 팡 지엔.

我要一间能看到好风景的房间。
wǒ yào yì jiān néng kàn dào hǎo fēng jǐng dè fáng jiān

□ 다른 방으로 바꾸고 싶습니다.

워 야오 후안 삐에 더 팡 지엔.

我要换别的房间。
wǒ yào huàn bié dè fáng jiān

□ 분명히 예약을 했는데요.

워 취에 스 이 징 위 위에 러.

我确实已经预约了。
wǒ què shí yǐ jīng yù yuē le

□ 예약자 명단에 손님의 이름이 없습니다.

위 위에 저 밍 딴 리 메이 여우 니 더 밍 쯔.

预约者名单里没有你的名字。
yù yuē zhě míng dàn lǐ méi yǒu nǐ dè míng zì

□ 수고스럽지만, 다시 찾아보십시오

마 판 니 짜이 차 이 삐엔.

麻烦你再查一遍。
má fán nǐ zài chá yì biàn

54

□ 짐을 방까지 옮겨주세요.

칭 빠 씽 리 빤 따오 팡 지엔 취.

请把行李搬到房间去。
qǐng bǎ xíng lǐ bān dào fáng jiān qù

□ 카터는 있습니까?

여우 소우 투이 처 마?

有手推车吗?
yǒu shǒu tuī chē ma

□ 짐을 로비까지 옮겨주십시오.

칭 바 씽 리 빤 따오 다 팅.

请把行李搬到大厅。
qǐng bǎ xíng lǐ bān dào dà tīng

□ 짐을 옮겨드릴까요?

쑤 야오 께이 닌 빤 윈 씽 리 마?

需要给您搬运行李吗?
xū yào gěi nín bān yùn xíng lǐ ma

□ 방 열쇠를 보관해주십시오

칭 빠오 꾸안 팡 지엔 야오 츠.

请保管房间钥匙。
qǐng bǎo guǎn fáng jiān yào chí

□ 귀중품을 보관할 수 있습니까?

넝 뿌 넝 빠오 꾸안 꾸이 종 우 핀?

能不能保管贵重物品?
néng bù néng bǎo guǎn guì zhòng wù pǐn

□ 귀중품을 보관하고 싶은데요.

워 야오 빠오 꾸안 꾸이 종 우 핀.

我要保管贵重物品。
wǒ yào bǎo guǎn guì zhòng wù pǐn

 # 호텔 프런트에서

□ 귀중품을 맡기고 싶은데요.

워 야오 빠오 꾸안 꿰이 종 우 핀.

我要保管贵重物品。
wǒ yào bǎo guǎn guì zhòng wù pǐn

□ 잠깐 외출하고 싶은데요.

워 추 취 이 씨아.

我出去一下。
wǒ chū qù yī xià

□ 제 방 열쇠를 맡아 주십시오.

칭 빵 워 빠오 꾸안 팡 지엔 야오 츠.

请帮我保管房间钥匙。
qǐng bāng wǒ bǎo guǎn fáng jiān yào chí

□ 1004호실 키를 주세요.

칭 께이 워 이 링 링 쓰 팡 지엔 더 야오 츠.

请给我1004房间的钥匙。
qǐng gěi wǒ   fáng jiān de yào chí

□ 저한테 온 메시지가 있나요?

여우 메이 여우 워 더 리우 이엔?

有没有我的留言?
yǒu méi yǒu wǒ de liú yán

□ 내일 택시를 불러 주십시오.

밍 티엔 빵 워 쟈오 이 리앙 추 쭈 처.

明天帮我叫一辆出租车。
míng tiān bāng wǒ jiào yī liàng chū zū chē

56

□ 이 편지를 한국에 부치고 싶은데요.

워 씨앙 빠 저 펑 씬 지 따오 한 꾸오.

我想把这封信寄到韩国。
wǒ xiǎng bǎ zhè fēng xìn jì dào hán guó

□ 팩스를 보내고 싶은데요.

워 야오 파 추안 전.

我要发传真。
wǒ yào fā chuánzhēn

□ 기차표 한 장을 예약하고 싶은데요.

워 씨앙 띵 이 장 후오 처 퍄오.

我想订一张火车票。
wǒ xiǎngdìng yī zhāng huǒ chē piào

□ 직통전화를 걸 수 있나요?

넝 따 즈 뽀 띠엔 후아 마?

能打直播电话吗?
néng dǎ zhí bō diàn huà má

□ 외부로 전화를 걸려면 어떻게 하나요?

칭 원, 쩐 머 따 와이 씨엔?

请问, 怎么打外线?
qǐng wèn   zěn me dǎ wài xiàn

□ 한국으로 국제전화를 하고 싶은데요.

워 야오 왕 항 꾸오 따 띠엔 후아.

我要往韩国打电话。
wǒ yào wǎng hán guó dǎ diàn huà

□ 컬렉트콜로 걸고 싶은데요.

워 야오 따 뚜이 팡 푸 쿠안 띠엔 후아?

我要打对方付款电话。
wǒ yào dǎ duì fāng fù kuǎndiàn huà

57

 # 호텔 시설물을 이용할 때

☐ 이것은 어떻게 사용합니까?

저 거 쩐 머 농 ?

这个怎么弄?
zhè gè zěn mé nòng

☐ 레스토랑은 몇 시에 끝납니까?

찬 팅 지 디엔 꾸안 먼 ?

餐厅几点关门?
cān tīng jǐ diǎn guān mén

☐ 에어컨은 어떻게 조절합니까?

콩 따오 원 뚜 쩐 머 따오 ?

空调温度怎么调?
kōng diào wēn dù zěn mé diào

☐ 더운물은 어디에 있어요?

러 수이 짜이 나ㄹ ?

热水在哪儿?
rè shuǐ zài nǎ r

☐ 슬리퍼는 어디에 있습니까?

투오 씨에 짜이 나 리 ?

拖鞋在哪里?
tuō xié zài nǎ lǐ

☐ 식당은 어디에 있습니까?

찬 팅 짜이 나ㄹ ?

餐厅在哪儿?
cān tīng zài nǎ r

□ 아침식사를 방까지 가져다주실 수 있습니까?

짜오 찬 넝 송 따오 팡 지엔 마 ?

早餐能送到房间吗?
zǎo cān néng sòng dào fáng jiān ma

□ 몇 시부터 아침식사가 시작되는가요?

지 디엔 카이 스 꽁 잉 짜오 찬 ?

几点开始供应早餐?
jǐ diǎn kāi shǐ gōng yīng zǎo cān

□ 식당은 몇 시에 문을 닫습니까?

찬 팅 지 디엔 꾸안 먼 ?

餐厅几点关门?
cān tīng jǐ diǎn guān mén

□ 커피숍은 어디에 있습니까?

카 페이 팅 짜이 나ㄹ ?

咖啡厅在哪儿?
kā fēi tīng zài nǎ r

□ 호텔에 나이트클럽이 있습니까?

판 디엔 네이 여우 이에 쭝 후이 마 ?

饭店内有夜总会吗?
fàn diàn nèi yǒu yè zǒng huì ma

□ 호텔 나이트클럽은 몇 시까지 합니까?

판 디엔 네이 더 이에 쭝 후이 카이 따오 지 디엔 ?

饭店内的夜总会开到几点?
fàn diàn nèi dè yè zǒng huì kāi dào jǐ diǎn

□ 호텔에 다른 시설이 있습니까?

판 디엔 네이 하이 여우 선 머 치 타 서 스 ?

饭店内还有什么其他设施?
fàn diàn nèi hái yǒu shén mè qí tā shè shī

59

☐ 호텔의 풀장에서 수영복을 빌려줍니까?

판 디엔 더 여우 용 츠 쭈 지에 용 이 마 ?

饭店的游泳池租借泳衣吗?
fàn diàn de yóu yǒng chí zū jiè yǒng yī ma

☐ 테니스장은 몇 시까지 문을 엽니까?

왕 치우 창 카이 따오 지 디엔 ?

网球场开到几点?
wǎng qiú chǎng kāi dào jǐ diǎn

☐ 호텔에는 리무진이 있나요?

판 띠엔 여우 반 처 마 ?

饭店有班车吗?
fàn diàn yǒu bān chē má

☐ 리무진 노선을 알려 주시겠어요?

넝 까오 수 워 반 처 루 씨엔 마 ?

能告诉我班车路线吗?
néng gào sù wǒ bān chē lù xiàn má

☐ 어디에서 리무진을 타나요?

짜이 나ㄹ 쭈오 반 처 ?

在哪儿坐班车?
zài nǎ r zuò bān chē

☐ 한국어를 할 줄 아는 사람은 있나요?

여우 메이 여우 후이 수오 한 위 더 런 ?

有没有会说韩语的人?
yǒu méi yǒu huì shuō hán yǔ de rén

☐ 마사지를 예약해 주세요.

칭 께이 워 띵 안 모 푸 우.

请给我订按摩服务。
qǐng gěi wǒ dìng àn mó fú wù

룸서비스

□ 룸서비스를 부탁합니다.

워 쑤 야오 커 팡 푸 우.

我需要客房服务。
wǒ xū yào kè fáng fú wù

□ 여기는 1108호입니다.

저 리 스 이 이 링 빠 팡 지엔.

这里是1108房间。
zhè lǐ shì   fáng jiān

□ 칫솔(비누)를 갖다 주세요

칭 께이 워 나 야 수아 (페이 짜오)

请给我拿牙刷(肥皂)。
qǐng gěi wǒ ná yá shuā féi zào

□ 커피 한 잔과 샌드위치 1인분을 부탁합니다.

칭 께이 워 송 라이 이 뻬이 카 페이 이 거 산 밍 즈.

请给我送来一杯咖啡一个三明治。
qǐng gěi wǒ sòng lái yī bēi kā fēi yī gè sān míng zhì

□ 아침식사를 제 방까지 가져다주십시오

칭 빠 짜오 찬 송 따오 워 더 팡 지엔.

请把早餐送到我的房间。
qǐng bǎ zǎo cān sòng dào wǒ dè fáng jiān

□ 수고스럽지만, 내일 아침 6시에 깨워주십시오.

마 판 니 밍 티엔 짜오 천 리우 디엔 쟈오 씽 워.

麻烦你明天早晨六点叫醒我。
má fán nǐ míng tiān zǎo chén liù diǎn jiào xǐng wǒ

61

□ 제 방을 청소해주십시오.

칭 따 싸오 이 씨아 워 더 팡 지엔.

请打扫一下我的房间。
qǐng dǎ sǎo yī xià wǒ de fáng jiān

□ 드라이클리닝을 부탁합니다.

워 씨앙 깐 씨 이 푸.

我想干洗衣服。
wǒ xiǎng gān xǐ yī fú

□ 호텔 안에 세탁소가 있습니까?

지우 디엔 네이 여우 씨 이 디엔 마?

酒店内有洗衣店吗?
jiǔ diàn nèi yǒu xǐ yī diàn ma

□ 드라이클리닝을 하려면 며칠이 걸립니까?

깐 씨 이 푸 쉬 야오 지 티엔?

干洗衣服需要几天?
gān xǐ yī fú xū yào jǐ tiān

□ 이 옷을 다림질해주십시오.

칭 빠 저 지엔 이 푸 윈 이 씨아.

请把这件衣服熨一下。
qǐng bǎ zhè jiàn yī fú yùn yī xià

□ 급히 써야 하니까 빨리 세탁해주실 수 있습니까?

워 지 저 용, 넝 콰이 디엔 씨 마?

我急着用，能快点洗吗?
wǒ jí zhe yòng néng kuài diǎn xǐ ma

□ 언제 옷을 찾을 수 있습니까?

선 머 스 허우 넝 취 이 푸?

什么时候能取衣服?
shén me shí hòu néng qǔ yī fú

 호텔에서의 트러블

☐ 방 열쇠가 고장났습니다.

팡 지엔 더 야오 츠 화이 러.

房间的钥匙坏了。
fáng jiān dè yào chí huài le

☐ 방문을 열 수 없습니다.

팡 먼 따 뿌 카이.

房门打不开。
fáng mén dǎ bù kāi

☐ 방 열쇠를 잃어버렸습니다.

워 빠 팡 지엔 더 야오 츠 농 띠우 러.

我把房间的钥匙弄丢了。
wǒ bǎ fáng jiān dè yào chí nòng diū le

☐ 열쇠를 방에 두고 나왔습니다.

워 빠 야오 츠 라 짜이 팡 지엔 리 러.

我把钥匙落在房间里了。
wǒ bǎ yào chí là zài fáng jiān lǐ le

☐ 문 좀 열어주시겠어요?

칭 빵 워 카이 이 씨아 팡 먼.

请帮我开一下房门。
qǐng bāng wǒ kāi yī xià fáng mén

☐ 욕실에 더운물이 나오지 않습니다.

우 스 리 뿌 추 러 수이.

浴室里不出热水。
yù shì lǐ bù chū rè shuǐ

63

□방 전등이 고장났습니다.

팡 지엔 더 떵 화이 러.

房间的灯坏了。
fáng jiān dè dēng huài le

□화장실 물이 내려가지 않습니다.

웨이 성 지엔 더 수이 충 뿌 씨아 취.

卫生间的水冲不下去。
wèi shēng jiān dè shuǐ chōng bù xià qù

□수건이 없습니다.

메이 여우 마오 진.

没有毛巾。
méi yǒu máo jīn

□에어컨이 고장났습니다.

콩 땨오 화이 러.

空调坏了。
kōng diào huài le

□텔레비전 화면이 나오지 않습니다.

디엔 스 지 메이 여우 후아 미엔.

电视机没有画面。
diàn shì jī méi yǒu huà miàn

□냉장고가 고장났습니다.

빙 씨앙 추 러 마오 삥.

冰箱出了毛病。
bīng xiāng chū le máo bìng

□지금 곧 사람을 보내 수리해드리겠습니다.

워 먼 마 상 파이 런 취 씨우 리.

我们马上派人去修理。
wǒ mèn mǎ shàng pài rén qù xiū lǐ

미용실 · 이발소

□ 이발을 하겠어요.

워 야오 리 파.

我要理发。
wǒ yào lǐ fā

□ 세발과 이발을 해 주세요.

워 야오 씨 토우 허 지엔 토우.

我要洗头和剪头。
wǒ yào xǐ tóu hé jiǎn tóu

□ 어떤 모양으로 깎을까요?

리 선 머 파 씽?

理什么发型?
lǐ shén me fā xíng

□ 어떤 식으로 깎아 드릴까요?

리 선 머 양 더?

理什么样的?
lǐ shén me yàng dè

□ 보통 헤어스타일로 깎아 주세요.

께이 워 지엔 청 이 빤 더 파 씽.

给我剪成一般的发型。
gěi wǒ jiǎn chéng yī bān dè fā xíng

□ 본래의 스타일로 깎아 주세요.

칭 자오 위엔 라이 더 양 쯔 리.

请照原来的样子理。
qǐng zhào yuán lái dè yàng zi lǐ

65

□ 약간 짧게 깎아 주세요.

께이 워 지엔 더 사오 웨이 뚜안 이 디아ㄹ.

给我剪得稍微短一点儿。
gěi wǒ jiǎn dé shāo wēi duǎn yī diǎn r

□ 너무 많이 자르지 마세요.

삐에 지엔 더 타이 뚜오.

别剪得太多。
bié jiǎn dé tài duō

□ 이런 모양으로 깎아 주세요.

께이 워 리 청 저 거 양 즈.

给我理成这个样子。
gěi wǒ lǐ chéng zhè gè yàng zǐ

□ 면도를 부탁합니다.

칭 꾸아 리엔？

请刮脸。
qǐng guā liǎn

□ 수염을 깎고 싶은데요.

워 야오 꾸아 후 쯔.

我要刮胡子。
wǒ yào guā hú zi

□ 머리를 감겨 주세요.

칭 께이 워 씨 씨 토우.

请给我洗洗头。
qǐng gěi wǒ xǐ xǐ tóu

□ 안마를 해 주세요.

칭 안 모 이 씨아.

请按摩一下。
qǐng àn mó yī xià

□ 머리만 감겨 주세요.

워 즈 야오 씨 토우.

我只要洗头。
wǒ zhǐ yào xǐ tóu

□ 파마해 주세요.

칭 께이 워 탕 파.

请给我烫发。
qǐng gěi wǒ tàng fà

□ 파마를 약하게 해 주세요.

칭 탕 더 칭 이 디아ㄹ.

请烫得轻一点儿。
qǐng tàng dé qīng yī diǎn r

□ 세트해 주세요.

워 야오 쭈오 토우 파.

我要做头发。
wǒ yào zuò tóu fà

□ 머리를 검게 염색해 주세요.

워 야오 빠 토우 파 란 청 헤이 서.

我要把头发染成黑色。
wǒ yào bǎ tóu fà rǎn chéng hēi sè

□ 거울로 보게 해 주세요.

칭 께이 워 이 미엔 징 즈 칸.

请给我一面镜子看。
qǐng gěi wǒ yī miàn jìng zǐ kàn

□ 드라이어로 말리면 됩니다.

추이 깐 지우 씽 러.

吹干就行了。
chuī gàn jiù xíng le

67

 체크아웃

□ 체크아웃을 부탁합니다.

워 야오 투이 팡.

我要退房。
wǒ yào tuì fáng

□ 지금 체크아웃을 하겠습니다.

워 씨안 짜이 지우 투이 팡.

我现在就退房。
wǒ xiàn zài jiù tuì fáng

□ 체크아웃 시간은 몇 시까지입니까?

투이 팡 지에 즈 스 지엔 스 지 디엔 ?

退房截止时间是几点?
tuì fáng jié zhǐ shí jiān shì jǐ diǎn

□ 내일 아침 6시에 택시를 예약하고 싶은데요.

밍 티엔 짜오 상 리우 띠엔 워 야오 추 쭈 처.

明天早上六点我要出租车。
míng tiān zǎo shàng liù diǎn wǒ yào chū zū chē

□ 하루 앞당겨 체크아웃하고 싶은데요.

워 씨앙 티 치엔 이 티엔 투이 팡.

我想提前一天退房。
wǒ xiǎng tí qián yī tiān tuì fáng

□ 하루 더 묵고 싶은데요.

워 하이 씨앙 주 이 티엔.

我还想住一天。
wǒ hái xiǎng zhù yī tiān

□ 오늘 떠나고 싶은데요.

워 진 티엔 지우 쩌우.

我今天就走。
wǒ jīn tiān jiù zǒu

□ 요금명세표를 주십시오.

칭 께이 워 장 딴.

请给我帐单。
qǐng gěi wǒ zhàng dān

□ 현금으로 계산하고 싶은데요.

워 씨앙 용 씨엔 진 지에 장.

我想用现金结帐。
wǒ xiǎng yòng xiàn jīn jié zhàng

□ 신용카드로 결제해도 됩니까?

커 이 용 씬 용 카 지에 장 마?

可以用信用卡结帐吗?
kě yǐ yòng xìn yòng kǎ jié zhàng ma

□ 이 항목들을 설명해주실 수 있습니까?

넝 수오 밍 저 씨에 소우 페이 씨앙 무 마?

能说明这些收费项目吗?
néng shuō míng zhè xiē shōu fèi xiàng mù ma

□ 이것은 무슨 비용입니까?

저 스 선 머 페이 융?

这是什么费用?
zhè shì shén me fèi yòng

□ 냉장고에 있는 콜라 한 병을 마셨습니다.

워 허 러 빙 씨앙 리 더 이 핑 커 커우 커 러.

我喝了冰箱里的一瓶可口可乐。
wǒ hē le bīng xiāng lǐ de yī píng kě kǒu kě lè

69

☐ 모두 얼마입니까?

이 꽁 뚜오 사오 치엔?

一共多少钱?
yī gòng duō shǎo qián

☐ 계산 착오가 있는 것 같습니다.

하오 씨앙 수안 추오 러 바.

好象算错了吧。
hǎo xiàng suàn cuò le bā

☐ 신용카드로 결제할 수 있습니까?

커 이 용 씬 용 카 지에 장 마?

可以用信用卡结帐吗?
kě yǐ yòng xìn yòng kǎ jié zhàng ma

☐ 가능합니다. 여기에 사인을 해주십시오.

커 이, 칭 닌 짜이 저ㄹ 치엔 쯔.

可以, 请您在这儿签字。
kě yǐ qǐng nín zài zhè r qiān zì

☐ 제 짐 좀 옮겨 주세요.

칭 빵 워 빤 이 씨아 씽 리.

请帮我搬一下行李。
qǐng bāng wǒ bān yī xià xíng lǐ

☐ 택시를 불러 주시겠어요?

넝 께이 워 쟈오 추 쭈 처 마?

能给我叫出租车吗?
néng gěi wǒ jiào chū zū chē má

☐ 방에 물건을 놓고 나왔습니다.

워 바 뚱 시 루오 짜이 팡 지엔 리 러.

我吧东西落在房间里了。
wǒ bā dōng xī luò zài fáng jiān lǐ le

초대소 이용하기

☐ 여럿이 머물 수 있는 방은 있나요?

여우 뚜오 런 팡 마 ?

有多人房吗?
yǒu duō rén fáng mǎ

☐ 침대 하나에 얼마인가요?

이 장 추앙 웨이 뚜오 사오 치엔 ?

一张床位多少钱?
yī zhāng chuáng wèi duō shǎo qián

☐ 방 하나에 침대는 몇 개인가요?

이 거 팡 지엔 리 여우 지 거 추앙 웨이 ?

一个房间里有几个床位?
yī gè fáng jiān lǐ yǒu jǐ gè chuáng wèi

☐ 유학생 할인은 있나요?

여우 메이 여우 리우 쉬에 성 여우 따이 ?

有没有留学生优待?
yǒu méi yǒu liú xué shēng yōu dài

☐ 남녀 함께 들어가나요?

난 뉘 또우 짜이 이 거 팡 지엔 마 ?

男女都在一个房间吗?
nán nǚ dōu zài yī gè fáng jiān mǎ

☐ 방을 전세로 빌릴 수 있나요?

넝 뿌 넝 빠오 팡 지엔 ?

能不能包房间?
néng bù néng bāo fáng jiān

71

□ 욕실은 있나요?

따이 웨이 성 지엔 마 ?

带卫生间吗?
dài wèi shēng jiān má

□ 뜨거운 물은 몇 시부터 쓸 수 있나요?

총 지 띠엔 커 이 스 용 러 수이?

从几点可以使用热水?
cóng jǐ diǎn kě yǐ shǐ yòng rè shuǐ

□ 방 열쇠를 주겠어요?

넝 뿌 넝 께이 워 팡 지엔 더 야오 츠 ?

能不能给我房间的钥匙?
néng bù néng gěi wǒ fáng jiān dè yào chí

□ 저는 유학생이 아닌데 묵을 수 있나요?

워 뿌 스 리우 쉬에 성, 커 이 주 마 ?

我不是留学生，可以住吗?
wǒ bù shì liú xué shēng   kě yǐ zhù má

□ 이 도시에는 외국인용 호텔은 없습니다.

저 커 청 스 메이 여우 서 와이 판 띠엔.

这可城市没有涉外饭店。
zhè kě chéng shì méi yǒu shè wài fàn diàn

□ 외국인인데요, 숙박할 수 있나요?

지에 따이 와이 꾸어 런 마 ?

接待外国人吗?
jiē dài wài guó rén má

□ 난방은 몇 시까지인가요?

누안 치 지 띠엔 팅 ?

暖气几点停?
nuǎn qì jǐ diǎn tíng

⊞ WORD FILE

☐ 호텔	饭店(fàndiàn)	판띠엔
☐ 여관	旅馆(lǚguǎn)	뤼꾸안
☐ 종업원	服务员(fúwùyuán)	푸우위엔
☐ 매니저	经理(jīnglǐ)	징리
☐ 예약	预约(yùyuē)	위위에
☐ 체크인	办住宿手续(bànzhùsùshǒuxù)	빤주쑤소우쑤
☐ 체크아웃	退房间(tuìfángjiān)	투이팡지엔
☐ 열쇠	钥匙(yàochí)	야오츠
☐ 숙박카드	住宿卡(zhùsùkǎ)	주쑤카
☐ 엘리베이터	电梯(diàntī)	띠엔티
☐ 에스컬레이터	电动扶梯(diàndòngfútī)	띠엔똥푸티
☐ 방	房间(fángjiān)	팡지엔
☐ 싱글룸	单人房间(dānrénfángjiān)	딴런팡지엔
☐ 트윈룸	双人防间(shuāngrénfángjiān)	수앙런팡지엔
☐ 욕실	洗澡间(xǐzǎojiān)	씨자오지엔
☐ 식당	餐厅(cāntīng)	찬팅
☐ 커피숍	咖啡店(kāfēidiàn)	카페이띠엔
☐ 술집	酒吧(jiǔbā)	지우빠
☐ 봉사료	服务费(fúwùfèi)	푸우페이
☐ 보관	保管(bǎoguǎn)	빠오꾸안
☐ 치약	牙膏(yágāo)	야까오
☐ 칫솔	牙刷(yáshuā)	야수아
☐ 비누	肥皂(féizào)	페이자오
☐ 타월	毛巾(máojīn)	마오진

□ 20	二十(èrshí)	얼스
□ 30	三十(sānshí)	싼스
□ 40	四十(sìshí)	쓰스
□ 50	五十(wǔshí)	우스
□ 60	六十(liùshí)	리우스
□ 70	七十(qīshí)	치스
□ 80	八十(bāshí)	빠스
□ 90	九十(jiǔshí)	지우스
□ 100	一百(yìbǎi)	이빠이
□ 101	一百零一(yìbǎilíngyī)	이빠이링이
□ 102	一百零二(yìbǎilíngèr)	이빠이링얼
□ 120	一百二十(yìbǎièrshí)	이빠이얼스
□ 130	一百三十(yìbǎisānshí)	이빠이싼스
□ 200	二百(èrbǎi)	얼빠이
□ 300	三百(sānbǎi)	싼빠이
□ 1,000	一千(yìqiān)	이치엔
□ 10,000	一万(yíwàn)	이완
□ 100,000	十万(shíwàn)	스완
□ 1,000.000	百万(bǎiwàn)	빠이완
□ 천만	千万(qiānwàn)	치엔완
□ 일억	一亿(yíyì)	이이

Part 3

식사

吃饭

 # 식당 안내와 소개

☐ 중국요리를 좋아합니까?

니 씨 후안 츠 종 꾸오 차이 마 ?

你喜欢吃中国菜吗?
nǐ xǐ huān chī zhōng guó cài ma

☐ 나는 중국요리를 아주 즐겨먹습니다.

워 헌 씨 후안 츠 종 꾸오 차이.

我很喜欢吃中国菜。
wǒ hěn xǐ huān chī zhōng guó cài

☐ 중국요리를 먹어본 적이 있습니까?

니 츠 꾸오 종 꾸오 차이 마 ?

你吃过中国菜吗?
nǐ chī guò zhōng guó cài ma

☐ 이 근처에 맛있는 식당을 가르쳐 주실래요?

칭 원, 저ㄹ 푸 찐 여우 메이 여우 하오 이 띠엔 더 찬 팅 ?

请问，这儿附近有没有好一点的餐厅?
qǐng wèn   zhè r fù jìn yǒu méi yǒu hǎo yī diǎn de cān tīng

☐ 이 근처에 중국요리점이 있습니까?

저 푸 진 여우 종 스 찬 팅 마 ?

这附近有中式餐厅吗?
zhè fù jìn yǒu zhōng shì cān tīng ma

☐ 이 부근에 레스토랑이 있습니까?

저 푸 진 여우 씨 찬 팅 마 ?

这附近有西餐厅吗?
zhè fù jìn yǒu xī cān tīng ma

□ 그다지 비싸지 않는 식당이 좋겠습니다.

쮀이 하오 스 삐엔 이 이 띠엔 더 찬 팅.

最好是便宜一点的餐厅。
zuì hǎo shì biàn yí yì diǎn de cān tīng

□ 조용한 분위기의 식당이 좋겠습니다.

워 씨 후안 삐 쟈오 안 징 더 찬 팅.

我喜欢比较安静的餐厅。
wǒ xǐ huān bǐ jiào ān jìng de cān tīng

□ 사람이 많은 식당이 좋겠습니다.

워 씨 후안 러 나오 이 띠엔 더 찬 팅.

我喜欢热闹一点的餐厅。
wǒ xǐ huān rè nào yī diǎn de cān tīng

□ 그 식당을 가르쳐 주시겠어요?

칭 까오 수 워 나ㄹ 여우 저 종 찬 팅?

请告诉我哪儿有这种餐厅？
qǐng gào sù wǒ nǎ   r yǒu zhè zhǒng cān tīng

□ 식당이 많은 곳은 어느 주변인가요?

칭 원, 나 거 띠 팡 찬 팅 쮀이 뚜오?

请问，哪个地方餐厅最多？
qǐng wèn   nǎ gè dì fāng cān tīng zuì duō

□ 지금 열려 있는 식당은 있나요?

칭 원, 나ㄹ 여우 메이 여우 짜이 잉 이에 더 찬 팅?

请问，哪儿有没有在营业的餐厅？
qǐng wèn   nǎ   r yǒu méi yǒu zài yíng yè de cān tīng

□ 이 고장의 명물요리를 먹고 싶은데요.

워 헌 씨앙 창 창 번 띠 더 펑 웨이.

我很想尝尝本地的风味。
wǒ hěn xiǎng cháng cháng běn dì de fēng wèi

☐ 저녁에는 사천음식점에 가서 먹읍시다.

완 상 취 추안 차이 꾸안 츠 판.

晚上去川菜馆吃饭。
wǎn shàng qù chuān cài guǎn chī fàn

☐ 이 근처에 일식집이 있나요?

저 푸 진 여우 르 스 찬 팅 마?

这附近有日式餐厅吗?
zhè fù jìn yǒu rì shì cān tīng ma

☐ 일식집에 가서 생선회를 먹읍시다.

취 르 스 찬 팅 츠 셩 위 피엔.

去日式餐厅吃生鱼片。
qù rì shì cān tīng chī shēng yú piàn

☐ 레스토랑에 가서 스테이크를 먹고 싶습니다.

워 씨앙 취 씨 찬 꾸안 츠 니우 파이.

我想去西餐馆吃牛排。
wǒ xiǎng qù xī cān guǎn chī niú pái

☐ 이 근처에 한식점이 있습니까?

저 푸 진 여우 한 스 찬 팅 마?

这附近有韩式餐厅吗?
zhè fù jìn yǒu hán shì cān tīng ma

☐ 이 근처에는 한식점이 없습니다.

저 푸 진 메이 여우 한 스 찬 팅.

这附近没有韩式餐厅。
zhè fù jìn méi yǒu hán shì cān tīng

☐ 사천음식점은 있습니까?

여우 추안 차이 꾸안 마?

有川菜馆吗?
yǒu chuān cài guǎn ma

식당 예약과 권유

☐ 예약을 부탁합니다.

워 야오 위 딩.

我要预定。
wǒ yào yù dìng

☐ 예약할 수 있나요?

니 먼 나ㄹ 커 이 위 딩 마?

你们那儿可以预定吗?
nǐ mèn nà r kě yǐ yù dìng ma

☐ 미안합니다. 오늘밤은 예약이 끝났습니다.

뚜이 부 치, 진 티엔 이 징 띵 만 러.

对不起，今天已经订满了。
duì bù qǐ jīn tiān yǐ jīng dìng mǎn le

☐ 내일 밤은 어떠세요?

밍 티엔 완 상 쩐 머 양?

明天晚上怎么样?
míng tiān wǎn shàng zěn me yàng

☐ 룸으로 예약하겠습니다.

워 야오 위 딩 빠오 팡.

我要预定包房。
wǒ yào yù dìng bāo fáng

☐ 창문 쪽 테이블로 부탁합니다.

워 야오 위 딩 카오 진 추앙 후 더 찬 주오.

我要预定靠近窗户的餐桌。
wǒ yào yù dìng kào jìn chuāng hù de cān zhuō

79

□ 저녁 7시에 가고자 합니다.

완 상 치 디엔 취.

晚上七点去。
wǎn shàng qī diǎn qù

□ 예약 인원수는 다섯 명입니다.

위 딩 런 수 스 우 거 런.

预定人数是五个人。
yù dìng rén shù shì wǔ gè rén

□ 예약을 부탁합니다. 빈자리가 있습니까?

워 야오 위 딩, 여우 콩 씨 마?

我要预定,有空席吗?
wǒ yào yù dìng yǒu kōng xí ma

□ 있습니다. 몇 분이세요?

여우, 니 먼 이 꽁 지 웨이?

有,你们一共几位?
yǒu nǐ mèn yī gòng jǐ wèi

□ 모두 여섯 명입니다.

워 먼 이 꽁 리우 거 런.

我们一共六个人。
wǒ mèn yī gòng liù gè rén

□ 몇 시에 오시겠습니까?

칭 원 니 먼 지 디엔 따오?

请问你们几点到?
qǐng wèn nǐ mèn jǐ diǎn dào

□ 저녁 여섯 시 반 무렵에 가려고 합니다.

워 먼 완 상 리우 디엔 반 쭈오 여우 꾸오 취.

我们晚上六点半左右过去。
wǒ mèn wǎn shàng liù diǎn bàn zuǒ yòu guò qù

80

□ 어떤 기준으로 예약할 겁니까?

닌 야오 안 선 머 양 더 빠오 준 위 딩?

您要按什么样的标准预定?

nín yào àn shén me yàng de biāo zhǔn yù dìng

□ 1인당 200원 기준으로 하겠습니다.

안 메이 런 얼 빠이 위엔 더 빠오 준 위 딩.

按每人二百元的标准预定。

àn měi rén èr bǎi yuán de biāo zhǔn yù dìng

□ 두 테이블 예약해 주세요?

닌 야오 위 딩 지 주오?

您要预定几桌?

nín yào yù dìng jǐ zhuō

□ 세트메뉴로 예약하겠습니다.

워 야오 위 딩 타오 찬.

我要预定套餐。

wǒ yào yù dìng tào cān

□ 1인당 100원 기준으로 예약을 부탁합니다.

안 메이 런 이 빠이 위엔 빠오 준 위 딩.

按每人一百元标准预定。

àn měi rén yī bǎi yuán biāo zhǔn yù dìng

□ 정식은 얼마인가요?

타오 찬 메이 런 뚜오 사오 치엔?

套餐每人多少钱?

tào cān měi rén duo shǎo qián

□ 성함과 전화번호를 알려 주십시오.

칭 까오 수 워 닌 더 씽 밍 허 띠엔 후아 하오 마.

请告诉我您的姓名和电话号吗。

qǐng gào sù wǒ nín de xìng míng hé diàn huà hào mǎ

 # 식당에 들어서서

□ 어서 오십시오. 예약은 하셨습니까?

후안 잉 꾸앙 린, 니 위 딩 러 마?

欢迎光临, 您预定了吗?
huān yíng guāng lín　nín yù dìng le ma

□ 예약을 했습니다. 김영석이라고 합니다.

워 쟈오 진 용 수오, 이 징 위 띵 하오 러.

我叫金永硕, 已经预订好了。
wǒ jiào jīn yǒng shuò　yǐ jīng yù dìng hǎo le

□ 예약을 안 했습니다. 빈 좌석이 있습니까?

워 메이 여우 위 딩, 여우 콩 주오 마?

我没有预定, 有空桌吗?
wǒ méi yǒu yù dìng　yǒu kōng zhuō ma

□ 있습니다. 이쪽으로 오십시오.

여우, 칭 껀 워 라이.

有, 请跟我来。
yǒu　qǐng gēn wǒ lái

□ 빈 좌석이 있습니까?

여우 콩 주오 마?

有空桌吗?
yǒu kōng zhuō ma

□ 예약을 하지 않았는데, 빈 좌석은 있습니까?

워 메이 여우 위 딩, 여우 콩 주오 마?

我没有预定, 有空桌吗?
wǒ méi yǒu yù dìng　yǒu kōng zhuō ma

□ 오후에 이미 예약했습니다.

워 씨아 우 이 징 위 딩 러.

我下午已经预定了。
wǒ xià wǔ yǐ jīng yù dìng le

□ 죄송합니다만, 자리가 다 찼습니다.

뚜이 부 치,　이 징 커 만 러.

对不起，已经客满了。
duì bù qǐ　yǐ jīng kè mǎn le

□ 얼마나 기다려야 합니까?

야오 떵 뚜오 창 스 지엔 ?

要等多长时间?
yào děng duō cháng shí jiān

□ 빈 좌석이 있습니다. 이쪽으로 오십시오.

하이 여우 콩 주오,　칭 껀 워 라이.

还有空桌，请跟我来。
hái yǒu kōng zhuō　qǐng gēn wǒ lái

□ 이 좌석은 어떻습니까?

저 거 쭈오 웨이 전 머 양 ?

这个座位怎么样?
zhè gè zuò wèi zěn me yàng

□ 지금은 자리가 다 차서 좌석이 없습니다.

씨엔 짜이 이 징 만 러,　메이 여우 콩 주오.

现在已经满了，没有空桌。
xiàn zài yǐ jīng mǎn le　méi yǒu kōng zhuō

□ 여기요. 좌석을 바꾸고 싶은데요.

푸 우 위엔,　워 야오 후안 웨이 즈.

服务员，我要换位子。
fú wù yuán　wǒ yào huàn wèi zǐ

식사

□ 이 좌석은 별로 마음에 들지 않습니다.

워 뿌 씨 후안 저 거 웨이 즈.

我不喜欢这个位子。
wǒ bù xǐ huān zhè gè wèi zǐ

□ 저 좌석으로 바꾸고 싶습니다.

워 야오 후안 따오 나 거 웨이 즈.

我要换到那个位子。
wǒ yào huàn dào nà gè wèi zǐ

□ 어디로 바꾸겠습니까?

닌 야오 후안 따오 나ㄹ ?

您要换到哪儿?
nín yào huàn dào nǎ r

□ 창가 쪽 좌석으로 부탁합니다.

워 야오 카오 진 추앙 후 더 웨이 즈.

我要靠近窗户的位子。
wǒ yào kào jìn chuāng hù dè wèi zǐ

□ 룸은 있습니까?

여우 메이 여우 딴 지엔 ?

有没有单间?
yǒu méi yǒu dān jiān

□ 조용한 곳으로 바꾸고 싶습니다.

워 야오 후안 따오 안 징 더 디 팡.

我要换到安静的地方。
wǒ yào huàn dào ān jìng dè dì fāng

□ 이 자리는 어떻습니까?

저 거 쭈오 웨이 쩐 머 양 ?

这个座位怎么样?
zhè gè zuò wèi zěn mè yàng

84

식사 주문

☐ 손님, 주문하시겠습니까?

씨엔 성, 칭 닌 디엔 차이.

先生，请您点菜。
xiān shēng　qǐng nín diǎn cài

☐ 먼저 메뉴를 보여주세요. 메뉴가 어디 있습니까?

워 씨엔 칸 차이 딴, 차이 딴 짜이 나 리?

我先看菜单，菜单在哪里？
wǒ xiān kàn cài dān　cài dān zài nǎ lǐ

☐ 메뉴는 여기 있습니다.

차이 딴 짜이 저 리, 께이 닌.

菜单在这里，给您。
cài dān zài zhè lǐ　gěi nín

☐ 이 음식점에서 제일 잘하는 요리는 어떤 것입니까?

니 먼 저 리 쭈이 나 소우 더 스 선 머 차이?

你们这里最拿手的是什么菜？
nǐ mén zhè lǐ zuì ná shǒu dé shì shén mé cài

☐ 주문하고 싶습니다.

워 야오 디엔 차이.

我要点菜。
wǒ yào diǎn cài

☐ 메뉴를 주십시오

칭 께이 워 차이 딴.

请给我菜单。
qǐng gěi wǒ cài dān

85

□ 메뉴를 보여주세요.

워 씨안 야오 칸 차이 딴.

我先要看菜单。
wǒ xiān yào kàn cài dān

□ 어떤 요리를 주문하겠습니까?

닌 야오 디엔 선 머 차이?

您要点什么菜?
nín yào diǎn shén me cài

□ 어느 것이 좋습니까?

디엔 나 거 하오?

点哪个好?
diǎn nǎ gè hǎo

□ 정식세트를 주문하겠습니다.

워 씨앙 디엔 타오 차이.

我想点套菜。
wǒ xiǎng diǎn tào cài

□ 좀 있다가 주문하겠습니다.

떵 이 후아ㄹ 짜이 디엔.

等一会儿再点。
děng yí huì r zài diǎn

□ 지금 주문하시겠습니까?

닌 씨엔 짜이 지우 디엔 마?

您现在就点吗?
nín xiàn zài jiù diǎn ma

□ 사람이 아직 오지 않았습니다. 좀 있다가 주문하죠.

런 하이 메이 여우ㄹ 따오, 떵 이 후아ㄹ 짜이 디엔.

人还没有到, 等一会儿再点。
rén hái méi yǒu dào   děng yí huì r zài diǎn

86

□ 사람들이 다 오지 않았습니다. 좀 기다려주세요.

런 하이 메이 여우 라이 치, 칭 사오 덩.

人还没有来齐，请稍等。
rén hái méi yǒu lái qí　qǐng shāo děng

□ 오실 분들이 더 있습니다.

하이 여우 런 야오 라이.

还有人要来。
hái yǒu rén yào lái

□ 다 온 다음에 주문하죠.

덩 뚜 라이 러 짜이 디엔.

等都来了再点。
děng dū lái le zài diǎn

□ 아직도 한 명 더 기다려야 합니다. 좀 더 기다려주세요.

하이 야오 덩 이 거 런,　짜이 덩 이 후아ㄹ.

还要等一个人，再等一会儿。
hái yào děng yí gè rén　zài děng yí huì r

□ 이 지역의 명물요리는 있습니까?

여우 번 디 밍 차이 마 ?

有本地名菜吗？
yǒu běn dì míng cài ma

□ 당신들이 제일 잘하는 요리는 무엇입니까?

니 먼 저ㄹ 쭈이 나 소우 더 차이 스 선 머 ?

你们这儿最拿手的菜是什么？
nǐ mén zhè r zuì ná shǒu dé cài shì shén mé

□ 이곳의 일품요리는 어떤 것이 있습니까?

저ㄹ 여우 선 머 나 소우 하오 차이 ?

这儿有什么拿手好菜？
zhè r yǒu shén mé ná shǒu hǎo cài

□ 이것은 무슨 요리입니까?

저 스 선 머 차이 ?

这是什么菜?
zhè shì shén me cài

□ 이건 어떤 특색의 요리인가요?

저 스 선 머 펑 웨이 더 차이 ?

这是什么风味的菜?
zhè shì shén me fēng wèi de cài

□ 야채요리에는 어떤 것이 있습니까?

수 차이 여우 나 씨에 ?

素菜有哪些?
sù cài yǒu nǎ xiē

□ 살짝 구워주십시오

칭 카오 더 넌 디엔.

请烤得嫩点。
qǐng kǎo dé nèn diǎn

□ 이 요리는 어떻게 해드릴까요?

저 따오 차이 야오 쩐 머 쭈오 너 ?

这道菜要怎么做呢?
zhè dào cài yào zěn me zuò ne

□ 저는 완전히 구운 것을 좋아합니다.

워 씨 후안 카오 더 수 이 디엔.

我喜欢烤得熟一点。
wǒ xǐ huān kǎo dé shú yì diǎn

□ 저는 단 것을 좋아합니다. 좀 달게 해주세요.

워 씨 후안 츠 티엔 더, 야오 쭈오 더 티엔 디엔.

我喜欢吃甜的，要做得甜点。
wǒ xǐ huān chī tián dè　yào zuò dé tián diǎn

 ## 식사를 하면서

□ 주문한 요리를 바꾸고 싶은데요

워 씨앙 후안 이 씨아 워 띠엔 더 차이.

我想换一下我点的菜。
wǒ xiǎng huàn yī xià wǒ diǎn de cai

□ 먹는 법을 가르쳐 주세요

칭 까오 수 워 저 거 쩐 머 츠.

请告诉我这个怎么吃。
qǐng gào sù wǒ zhè gè zěn me chī

□ 접시 하나 주세요.

워 야오 이 거 띠에 즈.

我要一个碟子。
wǒ yào yī gè dié zǐ

□ 젓가락을 떨어뜨렸습니다.

워 더 콰이 즈 댜오 짜이 디 상 러.

我的筷子掉在地上了。
wǒ de kuài zǐ diào zài dì shàng le

□ 젓가락을 바꿔주세요

워 야오 후안 이 수앙 콰이 즈.

我要换一双筷子。
wǒ yào huàn yī shuāng kuài zǐ

□ 젓가락 하나 더 주세요.

칭 짜이 나 이 수앙 콰이 즈.

请再拿一双筷子。
qǐng zài ná yī shuāng kuài zǐ

89

□ 나이프와 포크를 주세요.

칭 께이 워 나 따오 허 차 즈.

请给我拿刀和叉子。
qǐng gěi wǒ ná dāo hé chā zǐ

□ 밥 하나 더 주세요.

짜이 라이 이 완 미 판.

再来一碗米饭。
zài lái yī wǎn mǐ fàn

□ 물 한 컵 가져다줄 수 있나요?

라이 이 뻬이 수이 커 이 마 ?

来一杯水可以吗?
lái yī bēi shuǐ kě yǐ ma

□ 티슈 좀 갖다 주세요.

칭 께이 워 나 찬 진 즈.

请给我拿餐巾纸。
qǐng gěi wǒ ná cān jīn zhǐ

□ 남은 걸 싸가겠습니다.

워 야오 따 빠오.

我要打包。
wǒ yào dǎ bāo

□ 싸가겠습니다.

따 빠오 후이 취.

打包回去。
dǎ bāo huí qù

□ 여기 남은 요리를 가져가겠습니다.

저 리 더 성 차이 워 야오 따이 쩌우.

这里的剩菜我要带走。
zhè lǐ dè shèng cài wǒ yào dài zǒu

□ 봉지에 넣어주세요. 남은걸 싸 가겠습니다.

자오 거 따이 즈 빠오 바, 워 야오 따 빠오.

找个袋子包吧，我要打包。
zhǎo gè dài zǐ bāo ba wǒ yào dǎ bāo

□ 이거 좀 싸주세요.

칭 께이 워 빠오 이 씨아.

请给我包一下。
qǐng gěi wǒ bāo yí xià

□ 남은 것을 가져가겠습니다.

성 씨아 더 워 야오 따이 쩌우.

剩下的我要带走。
shèng xià dé wǒ yào dài zǒu

□ 디저트를 주세요.

칭 상 티엔 스.

请上甜食。
qǐng shàng tián shí

□ 디저트에는 뭐가 있나요?

칭 원,   또우 여우 선 머 티엔 스?

请问，都有什么甜食？
qǐng wèn   dōu yǒu shén mé tián shí

□ 디저트는 무엇으로 하시겠습니까?

판 허우 츠 선 머 디엔 씬?

饭后吃什么点心？
fàn hòu chī shén mé diǎn xīn

□ 식사 후 디저트는 무엇으로 하시겠습니까?

닌 판 허우 츠 선 머 디엔 씬?

您饭后吃什么点心？
nín fàn hòu chī shén mé diǎn xīn

□ 디저트를 드시죠.

라이 디엔 디엔 씬 바.

来点点心吧。
lái diǎn diǎn xīn ba

□ 저는 커피를 마시겠습니다.

워 야오 허 카 페이.

我要喝咖啡。
wǒ yào hē kā fēi

□ 아이스크림으로 주세요.

라이 디엔 빙 치 린.

来点冰淇淋。
lái diǎn bīng qí lín

□ 디저트 대신에 과일을 줄 수 있나요?

워 씨앙 야오 띠엔 수이 꾸오, 뿌 야오 티엔 스, 커 이 마 ?

我想要点水果，不要甜食，可以吗？
wǒ xiǎng yào diǎn shuǐ guǒ   bù yào tián shí   kě yǐ mà

□ 어떤 과일이 있나요?

또우 여우 선 머 수이 꾸오.

都有什么水果？
dōu yǒu shén me shuǐ guǒ

□ (동석한 사람에게) 담배를 피워도 괜찮겠습니까?

워 커 이 초우 위엔 마 ?

我可以抽烟吗？
wǒ kě yǐ chōu yān mà

□ 재떨이를 주세요.

칭 께이 워 이엔 후이 꾸안.

请给我烟灰缸。
qǐng gěi wǒ yān huī guàn

 # 음식맛의 표현

□ 맛이 어때요?

웨이 따오 쩐 머 양 ?

味道怎么样?
wèi dào zěn mé yàng

□ 정말 맛있습니다.

전 뿌 추오.

真不错。
zhēn bù cuò

□ 아주 맛있습니다.

헌 하오 츠.

很好吃。
hěn hǎo chī

□ 너무 맵습(느끼합 · 답 · 짭)니다.

타이 라 (여우 니 · 티엔 · 씨엔) 러.

太辣(油腻 · 甜 · 咸)了。
tài là yóu nì   tián xián le

□ 맛이 없습니다.

뿌 하오 츠.

不好吃。
bù hǎo chī

□ 이 요리 맛 좀 보세요.

칭 창 창 저 따오 차이.

请尝尝这道菜。
qǐng cháng cháng zhè dào cài

□ 이 요리는 아주 맛있습니다.

저 따오 차이 헌 씨앙.

这道菜很香。
zhè dào cài hěn xiāng

□ 당신이 만든 이 요리는 참 맛있습니다.

니 쭈오 더 저 따오 차이 헌 씨앙.

你做的这道菜很香。
nǐ zuò dè zhè dào cài hěn xiāng

□ 이 요리는 참으로 향이 그윽합니다.

저 따오 차이 전 스 씨앙 웨이 푸 삐.

这道菜真是香味扑鼻。
zhè dào cài zhēn shì xiāng wèi pū bí

□ 보기만 해도 군침이 돕니다.

칸 저 워 또우 리우 커우 수이 러.

看着我都流口水了。
kàn zhe wǒ dōu liú kǒu shuǐ le

□ 아주 향기로운 냄새가 납니다.

원 치 라이 헌 씨앙.

闻起来很香。
wén qǐ lái hěn xiāng

□ 냄새를 맡아보세요. 아주 향기롭습니다.

니 이에 원 이 씨아, 헌 씨앙.

你也闻一下，很香。
nǐ yě wén yí xià hěn xiāng

□ 당신 입맛에 맞지 않을까 걱정입니다.

워 파 뿌 허 닌 더 커우 웨이.

我怕不合您的口味。
wǒ pà bù hé nín de kǒu wèi

⊞ WORD FILE

□ 밥	米饭(mǐfàn)	미판
□ 죽	粥(zhōu)	조우
□ 밀가루	面(miàn)	미엔
□ 빵	面包(miànbāo)	미엔빠오
□ 국수	面条(miàntiáo)	미엔탸오
□ 전채	拼盘(pīnpán)	핀판
□ 상어지느러미요리	鱼翅类(yúchìlèi)	위츠레이
□ 오리요리	鸭类(yālèi)	야레이
□ 닭요리	鸡类(jīlèi)	지레이
□ 베이징오리구이	北京烤鸭(běijīngkǎoyā)	베이징카오야
□ 돼지고기요리	猪肉类(zhūròulèi)	주러우레이
□ 소고기요리	牛肉类(niúròulèi)	니우로우레이
□ 쓰다	苦(kǔ)	쿠
□ 맵다	辣(là)	라
□ 시다	酸(suān)	수안
□ 달다	甜(tián)	티엔
□ 짜다	咸(xián)	씨엔
□ 떫다	涩(sè)	서
□ 식초	醋(cù)	추
□ 소금	盐(yán)	이엔
□ 설탕	糖(táng)	탕
□ 간장	酱由(jiàngyóu)	지앙여우
□ 된장	豆酱(dòujiàng)	또우지앙
□ 기름	由(yóu)	여우

연회 · 술집에서

☐ 뭘 마시겠습니까?

니 먼 허 선 머 ?

你们喝什么？

nǐ mén hē shén mě

☐ 맥주 다섯 병 주세요.

칭 께이 워 먼 우 핑 피 지우.

请给我们五瓶啤酒。

qǐng gěi wǒ mén wǔ píng pí jiǔ

☐ 여기에는 어떤 맥주가 있습니까?

저ㄹ 여우 나 씨에 피 지우 ?

这儿有哪些啤酒？

zhè r yǒu nǎ xiē pí jiǔ

☐ 백주는 어떤 것이 있습니까?

빠이 지우 여우 나 씨에 ?

白酒有哪些？

bái jiǔ yǒu nǎ xiē

☐ 맥주 세 병 주세요

야오 산 핑 피 지우.

要三瓶啤酒。

yào sān píng pí jiǔ

☐ 생맥주 세 잔 주세요.

야오 싼 베이 자 피.

要三杯扎啤。

yào sān bēi zhá pí

90

□ 모태주 한 병 주세요.

야오 이 핑 마오 타이 지우.

要一瓶茅台酒。
yào yī píng máo tái jiǔ

□ 이 음식점에 맥주는 어떤 것이 있습니까?

니 먼 저 리 여우 나 씨에 피 지우 ?

你们这里有哪些啤酒?
nǐ mén zhè lǐ yǒu nǎ xiē pí jiǔ

□ 건배!

깐 베이 !

干杯!
gān bēi

□ 우리들의 우정을 위하여 건배합시다.

웨이 러 워 먼 더 여우 이 깐 베이.

为了我们的友谊干杯。
wéi le wǒ mén de yǒu yì gān bēi

□ 자, 모두들 건배합시다.

라이, 따 지아 이 치 라이 깐 베이.

来，大家一起来干杯。
lái   dà jiā yì qǐ lái gān bēi

□ 감정이 돈독해졌으니 원샷을 합시다.

깐 칭 선, 이 커우 먼.

感情深，一口闷。
gǎn qíng shēn   yì kǒu mēn

□ 자, 한 잔 합시다.

라이, 짠 리아 허 이 베이.

来，咱俩喝一杯。
lái   zán liǎ hē yì bēi

97

□ 오늘 술이 유달리 받네요. 한 잔 더 주세요.

진 티엔 더 지우 터 삐에 하오 허, 짜이 라이 이 베이.

今天的酒特别好喝，再来一杯。
jīn tiān dè jiǔ tè bié hǎo hē zài lái yì bēi

□ 이 교수님, 한 잔 드리겠습니다.

리 쟈오 소우, 워 라이 징 닌 이 베이.

李教授，我来敬您一杯。
lǐ jiào shòu wǒ lái jìng nín yì bēi

□ 그는 취한 것 같습니다.

워 칸 타 허 쭈이 러.

我看他喝醉了。
wǒ kàn tā hē zuì le

□ 약간 취기가 오릅니다.

여우 디엔 쭈이 이.

有点醉意。
yǒu diǎn zuì yì

□ 술을 못 이깁니다.

뿌 성 지우 리.

不胜酒力。
bú shèng jiǔ lì

□ (과음으로) 필름이 끊기다.

스 취 즈 쥐에.

失去知觉。
shī qù zhī jué

□ 우리 장소를 바꾸어 더 마십시다.

워 먼 쟈오 삐에 더 디 팡 짜이 허 바.

我们找别的地方再喝吧。
wǒ mèn zhǎo bié dè dì fāng zài hē ba

□ 분위기 바꾸다.

까이 삐엔 이 씨아 치 펀.

改变一下气氛。
gǎi biàn yí xià qì fēn

□ 이제 여기서는 그만 마시고 장소를 바꿉시다.

씨안 허 따오 저 리, 짠 먼 후안 꺼 띠 팡 바.

先喝到这里，咱们换个地方吧。
xiān hē dào zhè lǐ   zán mén huàn gè dì fāng ba

□ 2차 가다.

취 띠 얼 츠.

去第二次。
qù dì èr cì

□ 더 이상 못 마시겠습니다.

워 뿌 넝 짜이 허 러.

我不能再喝了。
wǒ bù néng zài hē le

□ 적당히 마십시다.

야오 샤오 허 디엔.

要少喝点。
yào shǎo hē diǎn

□ 그는 술을 너무나 좋아하는 술꾼입니다.

타 스 스 지우 루 밍 더 지우 투.

他是嗜酒如命的酒徒。
tā shì shì jiǔ rú mìng dè jiǔ tú

□ 저는 이미 술을 끊었습니다. 이제 술은 안 마십니다.

워 이 징 지에 지우 러, 뿌 허 지우.

我已经戒酒了，不喝酒。
wǒ yǐ jīng jiè jiǔ le   bù hē jiǔ

식당에서의 트러블

□ 손님, 무슨 일이세요?

씨엔 성, 닌 여우 선 머 스?

先生, 您有什么事?
xiān shēng　　nín yǒu shén me shì

□ 이것은 우리가 주문한 요리가 아닙니다. 잘못 나온 것 같습니다.

저 뿌 스 워 먼 디엔 더 차이, 니 먼 상 추오 러.

这不是我们点的菜, 你们上错了。
zhè bù shì wǒ mén diǎn dè cài　　nǐ mén shàng cuò le

□ 잘못 나온 것 같습니다. 우리는 이 요리를 주문하지 않았습니다.

니 까오 추오 러, 워 먼 메이 디엔 저 꺼 차이.

你搞错了, 我们没点这个菜。
nǐ gǎo cuò le　　wǒ mén méi diǎn zhè gè cài

□ 죄송합니다. 지금 곧 바꿔드리겠습니다.

뚜이 부 치, 씨엔 짜이 지우 께이 닌 후안.

对不起, 现在就给您换。
duì bù qǐ　　xiàn zài jiù gěi nín huàn

□ 우리가 주문한 요리는 언제 나옵니까?

워 먼 디엔 더 차이 선 머 스 허우 라이?

我们点的菜什么时候来?
wǒ mén diǎn dè cài shén me shí hòu lái

□ 우리가 주문한 요리는 얼마나 더 기다려야 합니까?

워 먼 디엔 더 차이 하이 아오 덩 뚜오 지우?

我们点的菜还要等多久?
wǒ mén diǎn dè cài hái yào děng duō jiǔ

□ 주문한 요리를 바꾸고 싶은데요.

워 씨앙 후안 워 먼 디엔 더 차이.

我想换我们点的菜。
wǒ xiǎng huàn wǒ mén diǎn dě cài

□ 아직 요리 한 가지가 나오지 않았습니다.

하이 여우 이 따오 차이 메이 상.

还有一道菜没上。
hái yǒu yí dào cài méi shàng

□ 이것은 냄새가 좀 이상합니다.

저 거 웨이 따오 여우 디엔 꽈이 꽈이 더.

这个味道有点怪怪的。
zhè gè wèi dào yǒu diǎn guài guài dě

□ 냄새가 이상합니다. 상한 거 아닙니까?

웨이 따오 치 꽈이, 스 뿌 스 삐엔 즈 러?

味道奇怪，是不是变质了？
wèi dào qí guài   shì bú shì biàn zhì le

□ 제가 냄새를 맡아볼게요. 변질된 것 같습니다. 먹지 마십시오.

워 원 원, 하오 씨앙 삐엔 러, 삐에 츠 러.

我闻闻，好象变了，别吃了。
wǒ wén wén   hǎo xiàng biàn le   bié chī le

□ 이 고기는 덜 익은 것 같습니다.

저 러우 하오 씨앙 메이 수 토우.

这肉好象没熟透。
zhè ròu hǎo xiàng méi shú tòu

□ 이 소고기는 좀 질깁니다.

저 니우 러우 유 디엔 잉.

这牛肉有点硬。
zhè niú ròu yǒu diǎn yìng

 # 식당에서의 계산

□ 계산을 하고 싶은데요.

워 야오 지에 장.

我要结帐。
wǒ yào jié zhàng

□ 어디서 계산합니까?

짜이 나ㄹ 지에 장 ?

在哪儿结帐?
zài nǎ r jié zhàng

□ 카운터에서 계산합니까?

짜이 꾸이 타이 지에 장 마 ?

在柜台结帐吗?
zài guì tái jié zhàng mà

□ 여보세요, 계산합시다.

푸 우 위엔, 지에 장.

服务员, 结帐。
fú wù yuán jié zhàng

□ 모두 얼마입니까?

이 꿍 뚜오 사오 친 ?

一共多少钱?
yí gòng duō shǎo qián

□ 팁은 따로 계산합니까?

링 소우 푸 우 페이 마 ?

另收服务费吗?
lìng shōu fú wù fèi ma

□ 계산이 잘못된 것 같은데요.

저 쓰 뿌 스 수안 추오 러.

这是不是算错了。
zhè shì bù shì suàn cuò le

□ 계산서 내역을 설명해 주시겠어요?

칭 께이 워 수오 밍 소우 페이 씨앙 러.

请给我说明收费项了。
qǐng gěi wǒ shuōmíng shōu fèi xiàng le

□ 신용카드로 계산해도 되겠습니까?

넝 용 씬 용 카 지에 수안 마?

能用信用卡结算吗?
néng yòng xìn yòng kǎ jié suàn ma

□ 여기에 사인하십시오.

칭 닌 짜이 저ㄹ 치엔 즈.

请您在这儿签字。
qǐng nín zài zhè r qiān zì

□ 영수증을 떼 주세요.

칭 께이 워 카이 파 퍄오.

请给我开发票。
qǐng gěi wǒ kāi fā piào

□ 제가 계산하겠습니다.

워 라이 푸 치엔.

我来付钱。
wǒ lái fù qián

□ 오늘은 제가 대접하겠습니다.

진 티엔 워 칭 커.

今天我请客。
jīn tiān wǒ qǐng kè

식사

☐ 냉면	冷面(lěngmiàn)	렁미엔
☐ 라면	方便面(fāngbiànmiàn)	팡삐엔미엔
☐ 김치	泡菜(pàocài)	파오차이
☐ 불고기	烤肉(kǎoròu)	카오러우
☐ 우유	牛奶(niúnǎi)	니우나이
☐ 커피	咖啡(kāfēi)	카페이
☐ 술	酒(jiǔ)	지우
☐ 홍차	红茶(hóngchá)	훙차
☐ 맥주	啤酒(píjiǔ)	피지우
☐ 위스키	威士忌(wēishìjì)	웨이스지
☐ 콜라	可乐(kělè)	커러
☐ 사이다	汽水(qìshuǐ)	치수이
☐ 주스	汁(zhī)	즈
☐ 햄버거	汉堡包(hànbǎobāo)	한빠오바오
☐ 샌드위치	三明治(sānmíngzhì)	산밍즈
☐ 프라이드치킨	炸鸡(zhàjī)	자지
☐ 핫도그	热狗(règǒu)	러꺼우
☐ 햄	火腿(huǒtuǐ)	후오투이
☐ 소시지	香肠(xiāngcháng)	씨앙창
☐ 만두	饺子(jiǎozǐ)	쟈오즈
☐ 비빔밥	拌饭(bànfàn)	빤판
☐ 돈까스	炸猪排(zhàzhūpái)	자주파이
☐ 비후까스	炸牛排(zhàniúpái)	자니우파이
☐ 광천수	矿泉水(kuàngquánshuǐ)	쿠앙취엔수이

Part 4

교통
交通

길을 묻거나 대답할 때

□ 말씀 좀 묻겠습니다.

칭 원.

请问。
qǐng wèn

□ 실례합니다. 베이징 호텔은 어디에 있나요?

라오 지아, 베이 징 판 띠엔 짜이 선 머 디 팡?

劳驾，北京饭店在什么地方？
láo jià   běi jīng fàn diàn zài shén me dì fāng

□ 이곳은 어디입니까?

칭 원 저 스 선 머 디 팡?

请问这是什么地方？
qǐng wèn zhè shì shén me dì fāng

□ 저에게 방향을 가리켜주실 수 있습니까?

넝 께이 워 즈 팡 씨앙 마?

能给我指方向吗？
néng gěi wǒ zhǐ fāng xiàng ma

□ 이 거리의 이름을 알려주시겠습니까?

넝 까오 수 워 저 탸오 지에 더 밍 쯔 마?

能告诉我这条街的名字吗？
néng gào sù wǒ zhè tiáo jiē de míng zì ma

□ 지도로 가리켜 주실 수 없나요?

넝 짜이 디 투 상 즈 이 씨아 마?

能在地图上指一下吗？
néng zài dì tú shàng zhǐ yī xià ma

106

☐ 저를 근처 버스정류소로 데려다 주실 수 없나요?

넝 빠 워 따이 따오 푸 진 더 취 처 잔 마 ?

能把我带到附近的汽车站吗?
néng bǎ wǒ dài dào fù jìn de qì chē zhàn ma

☐ 화장실이 어디에 있습니까?

씨 소우 지엔 짜이 나ㄹ ?

洗手间在哪儿?
xǐ shǒu jiān zài nǎ r

☐ 버스터미널은 어느 쪽에 있습니까?

커 윈 잔 짜이 나 거 팡 씨앙 ?

客运站在哪个方向?
kè yùn zhàn zài nǎ gè fāng xiàng

☐ 걸어가면 어느 정도 걸립니까?

쩌우 주오 취 더 뚜오 창 스 지엔 ?

走着去得多长时间?
zǒu zhuó qù dé duō cháng shí jiān

☐ 근처에 상점이 있습니까?

푸 진 여우 상 디엔 마 ?

附近有商店吗?
fù jìn yǒu shāng diàn ma

☐ 길 건너에 하나 있습니다.

마 루 뚜이 미엔 여우 이 거.

马路对面有一个。
mǎ lù duì miàn yǒu yī gè

☐ 여기서 멉니까?

리 저ㄹ 위엔 마 ?

离这儿远吗?
lí zhè r yuǎn ma

□ 멀지 않습니다.

뿌 타이 위엔.

不太远。
bù tài yuǎn

□ 어느 길이 가장 가깝습니까?

쩌우 나 타오 루 쮀이 진 너?

走哪条路最近呢?
zǒu nǎ tiáo lù zuì jìn ne

□ 곧장 가세요.

왕 치엔 쩌우.

往前走。
wǎng qián zǒu

□ 저 모퉁이에서 우회전하세요.

니 짜이 나 거 꽈이 쟈오, 왕 여우 꽈이 바.

你在那个拐角，往右拐吧。
nǐ zài nà gè guǎi jiǎo wǎng yòu guǎi bā

□ 조금 지나쳐 왔으니, 되돌아가세요.

니 쪼우 꾸오 러 이 디아ㄹ, 왕 후 쩌우 바.

你走过了一点儿，往回走吧。
nǐ zǒu guò le yì diǎn r wǎng huí zǒu bā

□ 저 병원 맞은편입니다.

나 거 이 위엔 더 뚜이 미엔 지우 스 러.

那个医院的对面就是了。
nà gè yī yuàn de duì miàn jiù shì le

□ 저 길을 지나가면 곧 도착합니다.

추안 꾸오 나 타오 마 루 지우 따오 러.

穿过那条马路就到了。
chuān guò nà tiáo mǎ lù jiù dào le

□ 5분만 걸어가면 됩니다.

쩌우 우 펀 종 지우 커 이 따오 러.

走五分钟就可以到了。
zǒu wǔ fēn zhōng jiù kě yǐ dào le

□ 저기 파출소에 가서 물어보세요.

니 따오 나 거 파이 추 수오 취 원 원 빠.

你到那个派出所去问问吧。
nǐ dào nà gè pài chū suǒ qù wèn wèn bā

□ 저 횡단보도를 건너세요.

추안 꾸오 나 탸오 런 씽 헝 따오 씨앙 치엔 쩌우.

穿过那条人行横道向前走。
chuān guò nà tiáo rén xíng héng dào xiàng qián zǒu

□ 잘 알아듣지 못했습니다. 다시 한번 말씀해주시겠습니까?

워 메이 팅 똥, 넝 짜이 수오 이 삐엔 마?

我没听懂，能再说一遍吗?
wǒ méi tīng dǒng néng zài shuō yí biàn ma

□ 제대로 듣지 못했습니다.

워 메이 팅 칭 추.

我没听清楚。
wǒ méi tīng qīng chǔ

□ 다시 한번 말씀해주실 수 없습니까?

총 수오 이 삐엔 커 이 마?

重说一遍可以吗?
chóng shuō yī biàn kě yǐ ma

□ 약도를 그려드리지요.

워 께이 니 후아 꺼 차오 투 빠.

我给你画个草图吧。
wǒ gěi nǐ huà gè cǎo tú ba

 # 길을 잃었을 때

□ 저는 길을 잃어버렸어요.

워 미 루 러.

我迷路了。
wǒ mí lù le

□ 미안합니다, 저는 길을 잃어버렸습니다.

뚜이 부 치, 워 미 루 러.

对不起，我迷路了。
duì bù qǐ   wǒ mí lù le

□ 여기가 어디입니까?

저 스 나ㄹ?

这是哪儿?
zhè shì nǎ r

□ 이쪽은 반대방향입니다

저 스 씨앙 판 더 팡 씨앙.

这是相反的方向。
zhè shì xiàng fǎn dè fāng xiàng

□ 방향을 잘 모르겠습니다.

워 펀 뿌 칭 팡 씨앙.

我分不请方向。
wǒ fen bù qīng fāng xiàng

□ 길을 잘못 왔습니다.

니 쩌우 추오 따아ㄹ 러.

你走错道儿了。
nǐ zǒu cuò dào r le

□ 길은 안내해 드리겠습니다.

워 께이 니 따이 루 빠.

我给你带路吧。
wǒ gěi nǐ dài lù bā

□ 저를 따라 오세요.

칭 껀 워 라이.

请跟我来。
qǐng gēn wǒ lái

□ 저는 지금 어디에 있습니까?

워 씨안 짜이 짜이 나ㄹ?

我现在在哪儿?
wǒ xiàn zài zài nǎ r

□ 근처에 파출소가 있습니까?

푸 진 여우 파이 추 수오 마?

附近有派出所吗?
fù jìn yǒu pài chū suǒ ma

□ 여기서 제일 가까운 파출소가 어디에 있습니까?

리 저ㄹ 쭈이 진 더 파이 추 수오 자이 나ㄹ?

离这儿最近的派出所在哪儿?
lí zhè r zuì jìn de pài chū suǒ zài nǎ r

□ 지도에 표시해 주실 수 있습니까?

넝 짜이 디 투 샹 즈 이 씨아 마?

能在地图上指一下吗?
néng zài dì tú shàng zhǐ yī xià mà

□ 저는 여기에 처음입니다.

워 띠 이 츠 따오 저ㄹ.

我第一次到这儿。
wǒ dì yī cì dào zhè r

111

교통

☐ 길	路(lù)	루
☐ 대로	大街(dàjiē)	따지에
☐ 도로	道路(dàolù)	따오루
☐ 차도	车道(chēdào)	처따오
☐ 횡단보도	人行横道(rénxínghéngdào)	런씽헝따오
☐ 국도	公路(gōnglù)	꽁루
☐ 고속도로	高速公路(gāosùgōnglù)	까오수꽁루
☐ 유료도로	收费公路(shōufèigōnglù)	소우페이꽁루
☐ 큰길	马路(mǎlù)	마루
☐ 골목	胡同(hútóng)	후통
☐ 건널목	平交道(píngjiāodào)	핑쟈오따오
☐ 지하도	地下道(dìxiàdào)	디씨아따오
☐ 사거리	十字路口(shízìlùkǒu)	스즈루커우
☐ 터널	隧道(suìdào)	수이따오
☐ 정류장	车站(chēzhàn)	처잔
☐ 차표	车票(chēpiào)	처퍄오
☐ 차비	车费(chēfèi)	처페이
☐ 출구	出口(chūkǒu)	추커우
☐ 입구	内口(nèikǒu)	네이커우
☐ 운전수	司机(sījī)	스지
☐ 차장	售票员(shòupiàoyuán)	소우퍄오위엔
☐ 종점	末站(mòzhàn)	모잔
☐ 잘못 타다	坐错了车(zuòcuòliǎochē)	주오추오랴오처
☐ 갈아타다	坐过了车站(zuòguòliǎochēzhàn)	주오꾸오랴오처잔

국내선 비행기 · 여객선을 이용할 때

□ 201편 비행기를 예약할 수 있나요?

워 야오 위 띵 얼 링 이 츠 빤 지 커 이 마?

我要预定201次班机可以吗?
wǒ yào yù dìng   cì bān jī kě yǐ má

□ 언제 갑니까?

나 티엔 쩌우 더?

哪天走的?
nǎ tiān zǒu de

□ 내일 갑니다.

밍 티엔 쩌우.

明天走。
míng tiān zǒu

□ 죄송합니다. 좌석이 다 찼습니다.

뚜이 부 치,   또우 만 러.

对不起, 都满了。
duì bù qǐ   dōu mǎn le

□ 다른 편은 있습니까?

여우 메이 여우 삐에 더 반 지?

有没有别的班机?
yǒu méi yǒu bié de bān jī

□ 있지만, 다른 항공사 것입니다.

여우 스 여우, 커 또우 스 치 타 항 콩 꽁 스 더.

有是有, 可都是其他航空公司的。
yǒu shì yǒu   kě dōu shì qí tā háng kōng gōng sī de

113

□ 상관없습니다. 어느 항공사라도 좋습니다.

메이 꾸안 씨, 나 거 항 콩 꽁 스 더 또우 씽.

没关系，哪个航空公司的都行。
méi guān xì   nǎ gè háng kōng gōng sī dè dōu xíng

□ 중국민항은 운항편수가 많습니다.

종 꾸오 민 항 여우 쑤 뚜오 반 츠 더 페이 지.

中国民航有许多班次的飞机。
zhōng guó mín háng yǒu xǔ duō bān cì dè fēi jī

□ 탑승수속은 다 하셨습니까?

니 이 징 빤 완 덩 지 소우 수 러 마 ?

你已经办完登记手续了吗?
nǐ yǐ jīng bàn wán dēng jì shǒu xù le má

□ 짐을 여기로 옮겨 주세요.

칭 빠 씽 리 반 따오 저ㄹ 라이.

请把行李搬到这儿来。
qǐng bǎ xíng lǐ bān dào zhè r lái

□ 휴대용 짐은 몇 개입니까?

니 따이 주오 지 지엔 수이 선 씽 리 ?

你带着几件随身行李?
nǐ dài zhuó jǐ jiàn suí shēnxíng lǐ

□ 승객 여러분, 비행기가 곧 이륙합니다.

꺼 웨이 청 커,   페이 지 지우 야오 치 페이 러.

各位乘客，飞机就要起飞了。
gè wèi chéng kè   fēi jī jiù yào qǐ fēi le

□ 금연해 주시고, 안전벨트를 매 주십시오

칭 꺼 웨이 팅 즈 씨 이엔,   빙 씨 하오 안 추안 따이.

请各位停止吸烟，并系好安全带。
qǐng gè wèi tíng zhǐ xī yān   bìng xì hǎo ān quán dài

□ 한국 신문은 있습니까?

여우 한 꾸오 빠오 즈 마 ?

有韩国报纸吗?
yǒu hán guó bào zhǐ má

교통

□ 5분 후면 홍콩에 도착합니다.

짜이 꾸오 우 펀 종,   지우 따오 씨앙 깡 러.

在过五分钟，就到香港了。
zài guò wǔ fēn zhōng   jiù dào xiānggǎng le

□ 배를 예약해 주시겠어요?

칭 닌 빵 워 딩 추안 퍄오 바.

请您帮我订船票吧。
qǐng nín bāng wǒ dìngchuánpiào bā

□ 야간에도 운항합니까?

이에 지엔 이에 씽 추안 마 ?

夜间也行船吗?
yè jiān yě xíngchuán má

□ 승선은 몇 시에 합니까?

상 추안 스 지엔 너 ?

上船时间呢?
shàngchuán shí jiān ne

□ 몇 시에 출항합니까?

지 띠엔 종 치 마오.

几点钟起锚。
jǐ diǎnzhōng qǐ máo

□ 어느 부두에서 출항합니까?

총 나 거 마 토우 치 추안 ?

从哪个码头起船?
cóng nǎ gè mǎ tóu qǐ chuán

115

열차를 이용할 때

□ 오늘의 열차는 좌석이 있나요?

진 티엔 더 리에 처 여우 쭈오 하오 마 ?

今天的列车有座号吗?
jīn tiān de liè chē yǒu zuò hào ma

□ 매표소는 어디에 있습니까?

소우 퍄오 커우 짜이 나ㄹ ?

售票口在哪儿?
shòu piào kǒu zài nǎ r

□ 오늘의 열차는 입석표만 남았습니다.

진 티엔 더 리에 처 즈 성 러 잔 퍄오.

今天的列车只剩了站票。
jīn tiān de liè chē zhǐ shèng le zhàn piào

□ 요금은 얼마입니까?

퍄오 지아 스 뚜오 사오 치엔 ?

票价是多少钱?
piào jià shì duō shǎo qián

□ 표 두 장 주세요.

워 야오 리앙 장 퍄오.

我要两张票。
wǒ yào liǎng zhāng piào

□ 입석표로 주세요.

워 야오 마이 잔 퍄오.

我要买站票。
wǒ yào mǎi zhàn piào

□ 특급열차는 있습니까?

여우 터 콰이 마 ?

有特快吗?
yǒu tè kuài má

□ 북경으로 가는 특급열차는 있습니까?

취 베이 징 더 처 여우 터 콰이 마 ?

去北京的车有特快吗?
qù běi jīng de chē yǒu tè kuài má

□ 오늘 열차는 급행밖에 없습니다.

진 티엔 더 처 즈 여우 콰이 처.

今天的车只有快车。
jīn tiān de chē zhǐ yǒu kuài chē

□ 침대차표는 있습니까?

여우 워 푸 퍄오 마 ?

有卧铺票吗?
yǒu wò pū piào ma

□ 열차에 식당차가 있습니까?

처 상 여우 찬 처 마 ?

车上有餐车吗?
chē shàng yǒu cān chē ma

□ 일반침대차표로 다섯 장 주세요.

워 야오 우 장 잉 워 퍄오.

我要五张硬卧票。
wǒ yào wǔ zhāng yìng wò piào

□ 내일 표로 바꾸고 싶습니다.

워 야오 후안 청 밍 티엔 더 퍄오.

我要换成明天的票。
wǒ yào huàn chéng míng tiān de piào

□ 일반 침대차로 바꿀 수 있습니까?

넝 뿌 넝 후안 청 잉 워 퍄오 ?

能不能换成硬卧票?
néng bù néng huàn chéng yìng wò piào

□ 표를 환불하고 싶습니다.

워 야오 투이 퍄오.

我要退票。
wǒ yào tuì piào

□ 목적지를 바꾸고 싶습니다.

워 야오 까이 무 더 띠.

我要改目的地。
wǒ yào gǎi mù dè dì

□ 이 차는 남경을 지납니까?

저 처 징 꾸오 난 징 마 ?

这车经过南京吗?
zhè chē jīng guò nán jīng ma

□ 상해로 가는 걸로 바꾸고 싶습니다.

워 야오 까이 청 취 상 하이 더.

我要改成去上海的。
wǒ yào gǎi chéng qù shàng hǎi dè

□ 몇 번 출구에서 개찰합니까?

짜이 지 하오 추 커우 지엔 퍄오.

在几号出口检票?
zài jǐ hào chū kǒu jiǎn piào

□ 7번 출구는 어디에 있습니까?

치 하오 추 커우 짜이 나 리 ?

七号出口在哪里?
qī hào chū kǒu zài nǎ lǐ

118

□ 북경행 기차는 어디서 개표합니까?

취 베이 징 더 처 짜이 지 하오 추 커우 지엔 퍄오 ?

去北京的车在几号出口检票?
qù běi jīng de chē zài jǐ hào chū kǒu jiǎn piào

□ 기차는 몇 시에 출발합니까?

후오 처 지 디엔 추 파 ?

火车几点出发?
huǒ chē jǐ diǎn chū fā

□ 기차는 몇 시에 도착합니까?

후오 처 지 디엔 따오 잔 ?

火车几点到站?
huǒ chē jǐ diǎn dào zhàn

□ 다음 역은 어디입니까?

씨아 이 잔 스 나ㄹ ?

下一站是哪儿?
xià yí zhàn shì nǎ r

□ 상해에 도착하면 알려주실 수 있습니까?

지 디엔 따오 샹 하이 잔 ?

几点到上海站?
jǐ diǎn dào shàng hǎi zhàn

□ 상해로 가려면 몇 개 역을 지나야 합니까?

따오 샹 하이 하이 야오 징 꾸오 지 거 잔 ?

到上海还要经过几个站?
dào shàng hǎi hái yào jīng guò jǐ gè zhàn

□ 미안합니다. 역을 지나쳐버렸습니다.

뚜이 부 치, 워 꾸오 잔 러.

对不起, 我过站了。
duì bù qǐ wǒ guò zhàn le

지하철을 이용할 때

□ 이 부근에 지하철역이 있습니까?

저 푸 진 여우 디 티에 잔 마 ?

这附近有地铁站吗?
zhè fù jìn yǒu dì tiě zhàn ma

□ 곧장 200미터 가면 지하철역이 있습니다.

왕 치엔 쩌우 리양 빠이 미 쭈오 여우 지우 여우 디 티에 잔.

往前走两百米左右就有地铁站。
wǎng qián zǒu liǎng bǎi mǐ zuǒ yòu jiù yǒu dì tiě zhàn

□ 이 노선은 천안문으로 갑니까?

저 탸오 씨엔 취 티엔 안 먼 마 ?

这条线去天安门吗?
zhè tiáo xiàn qù tiān' ān mén ma

□ 천안문으로 가려면 몇 호선을 타야 합니까?

취 티엔 안 먼 쭈오 지 루 ?

去天安门坐几路?
qù tiān' ān mén zuò jǐ lù

□ 근처에 가장 가까운 지하철역은 어디에 있습니까?

리 저 리 쭈이 진 더 디 티에 잔 스 나ㄹ ?

离这里最近的地铁站是哪儿?
lí zhè lǐ zuì jìn de dì tiě zhàn shì nǎ r

□ 여기서 지하철을 타는 게 가장 편리합니다.

총 저ㄹ 쭈오 디 티에 쭈이 팡 삐엔.

从这儿坐地铁最方便。
cóng zhè r zuò dì tiě zuì fāngbiàn

120

□ 어디서 지하철 노선도를 얻을 수 있습니까?

짜이 나 ㄹ 넝 나 따오 디 티에 루 씨엔 투 ?

在哪儿能拿到地铁路线图?
zài nǎ r néng ná dào dì tiě lù xiàn tú

□ 저 회색 건물이 입구입니다.

나 삐엔 더 후이 서 팡 즈 지우 쭈이 런 커우.

那边的灰色房子就最人口。
nà biān de huī sè fáng zǐ jiù zuì rén kǒu

□ 어디서 표를 삽니까?

짜이 나ㄹ 마이 퍄오 ?

在哪儿买票?
zài nǎ r mǎi piào

□ 매표소는 어디에 있습니까?

소우 퍄오 커우 짜이 나 리 ?

售票口在哪里?
shòu piào kǒu zài nǎ lǐ

□ 요금은 얼마입니까?

퍄오 지아 스 뚜오 사오 ?

票价是多少?
piào jià shì duō shǎo

□ 요금이 모두 동일합니까?

퍄야 지아 또우 이 양 마 ?

票价都一样吗?
piào jià dōu yī yàng ma

□ 요금이 구간에 따라 다릅니까?

퍄오 지아 안 취 우 뿌 이 양 마 ?

票价按区域不一样吗?
piào jià àn qū yù bù yī yàng ma

121

□ 자동매표기가 있습니까?

여우 즈 동 소우 퍄오 지 마 ?

有自动售票机吗?
yǒu zì dòng shòu piào jī ma

□ 역에 도착했습니까?

따오 잔 러 마 ?

到站了吗?
dào zhàn le ma

□ 목적지까지 역이 몇 개 남았습니까?

리 무 더 디 하이 여우 지 잔 ?

离目的地还有几站?
lí mù dè dì hái yǒu jǐ zhàn

□ 아직 역이 몇 개 있습니까?

하이 여우 지 거 잔 ?

还有几个站?
hái yǒu jǐ gè zhàn

□ 비켜주시겠습니까? 내리겠습니다.

칭 랑 이 씨아, 워 야오 씨아 처.

请让一下, 我要下车。
qǐng ràng yī xià　wǒ yào xià chē

□ 다음 역은 어디입니까?

씨아 이 잔 스 나ㄹ ?

下一站是哪儿?
xià yī zhàn shì nǎ　r

□ 큰일났다! 역을 지나쳤어.

짜오 까오, 워 꾸오 잔 러.

糟糕, 我过站了。
zāo gāo　wǒ guò zhàn le

122

 # 장거리버스를 이용할 때

□ 고속버스는 언제 출발합니까?

까오 수 치 처 선 머 스 허우 추 파 ?

高速汽车什么时候出发?
gāo sù qì chē shén me shí hòu chū fā

□ 버스터미널은 어디에 있습니까?

치 처 잔 짜이 나 리 ?

汽车站在哪里?
qì chē zhàn zài nǎ lǐ

□ 고속버스는 몇 시간 간격으로 있나요?

까오 수 치 처 뚜오 창 스 지엔 이 리앙 ?

高速汽车多长时间一辆?
gāo sù qì chē duō cháng shí jiān yī liàng

□ 시외버스는 몇 시에 출발합니까?

창 투 치 처 지 디엔 추 파 ?

长途汽车几点出发?
cháng tú qì chē jǐ diǎn chū fā

□ 고속버스는 언제 출발합니까?

까오 수 치 처 선 머 스 허우 추 파 ?

高速汽车什么时候出发?
gāo sù qì chē shén me shí hòu chū fā

□ 천진으로 가는 버스는 몇 시에 출발합니까?

취 티엔 진 더 치 처 지 디엔 추 파 ?

去天津的汽车几点出发?
qù tiān jīn de qì chē jǐ diǎn chū fā

123

□ 천진행 시외버스는 언제 출발합니까?

취 티엔 진 더 창 투 치 처 선 머 스 허우 추 파 ?

去天津的长途汽车什么时候出发？
qù tiān jīn de cháng tú qì chē shén me shí hòu chū fā

□ 방금 출발했습니다.

깡 깡 추 파 러.

刚刚出发了。
gāng gāng chū fā le

□ 다음 버스는 언제 출발합니까?

씨아 이 리앙 선 머 스 허우 추 파 ?

下一辆什么时候出发？
xià yī liàng shén me shí hòu chū fā

□ 1시간 후에 출발합니다.

이 거 쌰오 스 이 허우 추 파.

一个小时以后出发。
yī gè xiǎo shí yǐ hòu chū fā

□ 외국인도 갈 수 있나요?

와이 꾸오 런 이에 커 이 취 마 ?

外国人也可以去吗？
wài guó rén yě kě yǐ qù ma

□ 운임은 얼마입니까?

퍄오 지아 스 뚜오 사오 치엔 ?

票价是多少钱？
piào jià shì duō shǎo qián

□ 천진까지 얼마입니까?

따오 티엔 진 뚜오 사오 치엔 ?

到天津多少钱？
dào tiān jīn duō shǎo qián

124

□ 한 장에 얼마인가요?

一张多少钱?
yī zhāng duō shǎo qián

□ 장백산까지 한 장 주세요.

워 야오 이 장 취 창 빠이 산 더.

我要一张去长白山的。
wǒ yào yī zhāng qù cháng bái shān de

□ 버스 안에서 표를 살 수 있나요?

짜이 처 상 이에 커 이 마이 퍄오 마 ?

在车上也可以买票吗?
zài chē shàng yě kě yī mǎi piào má

□ 두 장 주세요.

워 야오 리앙 장.

我要两张。
wǒ yào liǎng zhāng

□ 자리가 있습니까?

여우 메이 여우 쭈오 하오.

有没有座号?
yǒu méi yǒu zuò hào

□ 이번 버스는 표가 없습니다.

저 이 탕 메이 퍄오 러.

这一趟没票了。
zhè yí tàng méi piào le

□ 다음 버스는 몇 시에 있습니까?

씨아 이 탕 처 스 지 디엔 ?

下一趟车是几点?
xià yí tàng chē shì jǐ diǎn

125

□ 차에서 담배를 피워도 됩니까?

처 상 커 이 씨 이엔 마 ?

车上可以吸烟吗?
chē shàng kě yǐ xī yān ma

□ 차창을 열어도 되겠습니까?

커 이 따 카이 추앙 후 마 ?

可以打开窗户吗?
kě yǐ dǎ kāi chuāng hù ma

□ 에어컨을 끄고 싶은데요.

워 씨앙 꾸안 따오 콩 따오.

我想关掉空调。
wǒ xiǎng guān diào kōng diào

□ 차 안이 너무 춥습니다.

처 씨앙 네이 타이 렁 러.

车厢内太冷了。
chē xiāng nèi tài lěng le

□ 이것은 금연차입니다. 담배를 피울 수 없습니다.

저 스 진 이엔 처 씨앙, 뿌 넝 씨 이엔.

这是禁烟车厢, 不能吸烟。
zhè shì jìn yān chē xiāng   bù néng xī yān

□ 차안에서는 금연입니다.

처 상 진 즈 씨 이엔.

车上禁止吸烟。
chē shàng jìn zhǐ xī yān

□ 이 좌석은 비어 있나요?

저 거 쭈오 웨이 여우 런 마 ?

这个座位有人吗?
zhè gè zuò wèi yǒu rén ma

□ 이 좌석에 앉을 수 있습니까?

넝 쭈오 저 거 쭈오 웨이 마 ?

能坐这个座位吗?
néng zuò zhè gè zuò wèi ma

□ 미안하지만, 여기는 제 좌석입니다.

뚜이 부 치,   저 스 워 더 쭈오 웨이.

对不起，这是我的座位。
duì bù qǐ   zhè shì wǒ dé zuò wèi

□ 이 좌석에는 사람이 없습니까?

저 꺼 쭈오 웨이 메이 여우 런 마 ?

这个座位没有人吗?
zhè gè zuò wèi méi yǒu rén ma

□ 이 좌석에는 사람이 있습니다. 곧 올 겁니다.

저 거 쭈오 웨이 여우 런,   마 상 후이 라이.

这个座位有人，马上回来。
zhè gè zuò wèi yǒu rén   mǎ shàng huí lái

□ 여기는 사람이 없습니다. 앉으세요.

저 리 메이 런,   칭 쭈오.

这里没人，请坐。
zhè lǐ méi rén   qǐng zuò

□ 그곳에 도착하면 알려주세요.

따오 잔,   칭 까오 수 워.

到站，请告诉我。
dào zhàn   qǐng gào sù wǒ

□ 드디어 도착했군요.

아, 커 따오 러.

啊，可到了。
ā   kě dào le

127

 # 시내버스를 이용할 때

☐ 실례합니다만, 버스정류소는 어디에 있습니까?

칭 원, 꽁공 치 처 잔 나ㄹ?

请问, 公共汽车站哪儿?
qǐng wèn   gōng gòng qì chē zhàn nǎ   r

☐ 고궁으로 가는 시내버스가 있습니까?

여우 취 꾸 꽁 더 꽁공 치 처 마?

有去故宫的公共汽车吗?
yǒu qù gù gōng de gōng gòng qì chē ma

☐ 138번 버스정류소는 어디 있습니까?

이빠이산파 루 처 잔 짜이 나ㄹ?

138路车站在哪儿?
       lù chē zhàn zài nǎ   r

☐ 어디에서 천안문으로 가는 시내버스를 탑니까?

푸 진 여우 취 꾸 꽁 더 꽁공 치 처 마?

附近有去故宫的公共汽车吗?
fù jìn yǒu qù gù gōng de gōng gòng qì chē ma

☐ 이곳은 몇 번 버스정류소입니까?

저 리 스 지 루 처 잔?

这里是几路车站?
zhè lǐ shì jǐ lù chē zhàn

☐ 18번 버스를 여기서 타는가요?

스파 루 처 짜이 저ㄹ 쭈오 마?

18路车在这儿坐吗?
      lù chē zài zhè r zuò ma

□ 몇 번 버스를 타야 합니까?

쭈오 지 루 처 ?

坐几路车?
zuò jǐ lù chē

□ 천단까지 아직 몇 정거장 남았습니까?

티엔 탄 하이 성 지 잔 ?

天坛还剩几站?
tiān tán hái shèng jǐ zhàn

□ 이 버스는 의화원으로 갑니까?

저 처 취 뿌 취 이 허 위엔 ?

这车去不去颐和园?
zhè chē qù bù qù yí hé yuán

□ 고궁으로 가려면 몇 정거장을 거쳐야 합니까?

취 꾸 꽁 야오 꾸오 지 잔 ?

去故宫要过几站?
qù gù gōng yào guò jǐ zhàn

□ 천안문으로 가려면 어디서 차를 갈아타야 합니까?

취 티엔 안 먼 짜이 나ㄹ 후안 처 ?

去天安门在哪儿换车?
qù tiān' ān mén zài nǎ r huàn chē

□ 북경동물원에 도착하면 알려주십시오

따오 베이 징 똥 우 위엔 까오 수 워 이 성.

到北京动物园告诉我一声。
dào běi jīng dòng wù yuán gào sù wǒ yī shēng

□ (사람들을 맞치며) 미안합니다, 내립니다.

라오 지아, 라오 지아 ! 워 씨아 처 !

劳驾, 劳驾! 我下车!
láo jià   láo jià   wǒ xià chē

129

택시를 이용할 때

☐ 거기까지 요금이 얼마나 나올까요?

취 나ㄹ 따 까이 뚜오 사오 치엔 ?

去那儿大概多少钱?
qù nà r dà gài duō shǎo qián

☐ 천안문광장까지 요금이 얼마나 나옵니까?

따오 티엔 안 먼 꾸앙 창 따 까이 뚜오 사오 치엔 ?

到天安门广场大概多少钱?
dào tiān' ān mén guǎng chǎng dà gài duō shǎo qián

☐ 북해공원까지 부탁합니다.

워 야오 취 베이 하이 꿍 위엔.

我要去北海公园。
wǒ yào qù běi hǎi gōng yuán

☐ 기차역으로 가주세요.

따오 후오 처 잔.

到火车站。
dào huǒ chē zhàn

☐ 이 주소로 가주세요.

안 자오 저 거 디 즈 취 바.

按照这个地址去吧。
àn zhào zhè gè dì zhǐ qù ba

☐ 저 앞에서 세워주세요.

따오 치엔 미엔 팅 처.

到前面停车。
dào qián miàn tíng chē

□ 앞 빌딩에서 세워주세요.

따오 치엔 미엔 따 로우 팅 처.

到前面大楼停车。
dào qián miàn dà lóu tíng chē

□ 앞에서 우회전해주세요.

짜이 치엔 미엔 왕 여우 꽈이.

在前面往右拐。
zài qián miàn wǎng yòu guǎi

□ 시간이 급합니다. 서둘러주세요.

워 깐 스 지엔, 카이 콰이 디엔 바.

我赶时间，开快点吧。
wǒ gǎn shí jiān kāi kuài diǎn ba

□ 짐 좀 실어주세요.

칭 빵 워 빠 씽 리 팡 상 취 바.

请帮我把行李放上去吧。
qǐng bāng wǒ bǎ xíng lǐ fàng shàng qù ba

□ 짐을 트렁크에 넣을 수 있습니까?

팡 따오 씽 리 씨앙 리 커 이 마?

放到行李箱里可以吗？
fàng dào xíng lǐ xiāng lǐ kě yǐ ma

□ 트렁크를 열어주세요.

칭 따 카이 씽 리 씨앙.

请打开行李箱。
qǐng dǎ kāi xíng lǐ xiāng

□ 짐 좀 내려줄 수 없나요?

넝 빵 워 바 씽 리 나 씨아 라이 마?

能帮我把行李拿下来吗？
néng bāng wǒ bǎ xíng lǐ ná xià lái ma

□ 짐이 너무 큽니다. 실을 수 없습니다.

씽 리 타이 다 러,　주앙 뿌 러.

行李太大了，装不了。
xíng lǐ tài dà le　zhuāng bù le

□ 짐은 뒷좌석에 놓으세요.

씽 리 팡 짜이 허우 쭈오 상 바.

行李放在后坐上吧。
xíng lǐ fàng zài hòu zuò shàng ba

□ 요금이 미터기와 다릅니다.

지아 거 위 지 지아 치 뿌 이 양.

价格与记价器不一样。
jià gé yǔ jì jià qì bù yī yàng

□ 백 원짜리로 바꿔줄 수 있습니까?

넝 포 카이 이 빠이 콰이 치엔 마 ?

能破开一百块钱吗？
néng pò kāi yī bǎi kuài qián ma

□ 잔돈이 없습니다.

워 메이 여우 링 치엔.

我没有零钱。
wǒ méi yǒu líng qián

□ 미터기를 사용합니까, 아니면 고정요금입니까?

스 따 지 지아 치,　하이 스 꾸 딩 소우 페이 ?

是打计价器，还是固定收费？
shì dǎ jì jià qì　hái shì gù dìng shōu fèi

□ 영수증 떼 주세요.

칭 카이 이 장 파 퍄오.

请开一张发票。
qǐng kāi yī zhāng fā piào

 # 렌터카 · 자전거 빌리기

□ 오늘부터 7일간 차를 빌리고 싶습니다.

워 씨앙 총 진 티엔 카이 스 쭈 용 치 티엔 처.

我想从今天开始租用七天车。
wǒ xiǎng cóng jīn tiān kāi shǐ zū yòng qī tiān chē

□ 하루 전세로 하겠습니다.

워 야오 빠오 이 티엔 처.

我要包一天车。
wǒ yào bāo yī tiān chē

□ 오토매틱차는 있나요?

여우 즈 뚱 차 처 마 ?

有自动刹车吗?
yǒu zì dòng chà chē má

□ 이 차는 하루에 얼마입니까?

저 리앙 처 이 티엔 야오 뚜오 사오 치엔 ?

这辆车一天要多少钱?
zhè liàng chē yī tiān yào duō shǎo qián

□ 선금을 냅니까?

야오 씨엔 푸 치엔 마 ?

要先付钱吗?
yào xiān fù qián má

□ 보증금은 얼마입니까?

야 진 야오 뚜오 사오 ?

押金要多少?
yà jīn yào duō shǎo

133

□ 보험 요금이 포함되어 있나요?

빠오 꾸아 빠오 씨엔 페이 마 ?

包括保险费吗?
bāo guā bǎo xiǎn fèi má

□ 도중에 차를 반환해도 됩니까?

커 이 쫑 투 하이 처 마 ?

可以中途还车吗?
kě yǐ zhōng tú hái chē má

□ 다른 지역에서 차를 반환해도 됩니까?

커 이 짜이 와이 띠 하이 처 마 ?

可以在外地还车吗?
kě yǐ zài wài dì hái chē má

□ 일반(고급)으로 가득 채워 주세요.

야오 이 빤 (까오 지) 치 여우, 칭 주앙 만.

要一般(高级)汽油，请装满。
yào yì bān gāo jí qì yóu   qǐng zhuāng mǎn

□ 브레이크가 이상한 것 같습니다.

처 자 하오 씨앙 뿌 정 창.

车闸好像不正常。
chē zhá hǎo xiàng bù zhèng cháng

□ 타이어가 펑크났어요.

룬 타이 삐에 러.

轮胎瘪了。
lún tāi biě le

□ 타이어에 공기를 넣어 주세요.

칭 따 이 씨아 치.

请打一下气。
qǐng dǎ yī xià qì

□ 세차해 주세요.

께이 워 씨 이 씨아 처.

给我洗一下车。
gěi wǒ xǐ yī xià chē

□ 이곳에 주차해도 되나요.

저ㄹ 커 이 주 처 마?

这儿可以驻车吗?
zhè r kě yǐ zhù chē má

□ 이 부근에 주차장이 있습니까?

저 푸 찐 여우 팅 처 창 메이 여우?

这附近有停车场没有?
zhè fù jìn yǒu tíng chē chǎng méi yǒu

□ 1시간 주차에 얼마입니까?

팅 처 이 거 싸오 스 뚜오 사오 치엔?

停车一个小时多少钱?
tíng chē yī gè xiǎo shí duō shǎoqián

□ 자전거를 빌리고 싶은데요.

워 씨앙 쭈 이 리앙 즈 씽 처.

我想租一辆自行车。
wǒ xiǎng zū yī liàng zì xíng chē

□ 자전거는 어디서 빌릴 수 있나요?

짜이 나ㄹ 커 이 쭈 즈 씽 처 니?

在哪儿可以租自行车呢?
zài nǎ r kě yǐ zū zì xíng chē ní

□ 1시간 요금은 얼마인가요?

지에 이 싸오 스 야오 뚜오 사오 치엔?

借一小时要多少钱?
jiè yī xiǎo shí yào duō shǎoqián

교통

☐ 기차	火车(huǒchē)	후오처
☐ 열차	列车(lièchē)	리에처
☐ 객차	客车(kèchē)	커처
☐ 식당차	餐车(cānchē)	찬처
☐ 침대차	卧车(wòchē)	워처
☐ 보통열차	慢车(mànchē)	만처
☐ 급행열차	快车(kuàichē)	콰이처
☐ 지하철	地铁(dìtiě)	디티에
☐ 전철	电车(diànchē)	띠엔처
☐ 버스	公共汽车(gōnggòngqìchē)	꽁공치처
☐ 택시	出租汽车(chūzūqìchē)	추쭈치처
☐ 트럭	卡车(kǎchē)	카처
☐ 화물차	货车(huòchē)	후오처
☐ 렌터카	租车(zūchē)	쭈처
☐ 자전거	自行车(zìxíngchē)	즈싱처
☐ 오토바이	摩托车(mótuōchē)	모투오처
☐ 비행기	飞机(fēijī)	페이지
☐ 배	船(chuán)	추안
☐ 여객선	客船(kèchuán)	커추안
☐ 유람선	游览船(yóulǎnchuán)	여우란추안
☐ 출항하다	开船(kāichuán)	카이추안
☐ 기항하다	挂船(guàchuán)	꾸아추안
☐ 정박하다	下锚(xiàmáo)	씨아마오
☐ 선실	船舱(chuáncāng)	추안창

Part

관광

旅游

 관광안내소에서

□ 관광안내소는 어디에 있나요?

뤼 여우 원 쑨 추 짜이 나ㄹ ?

旅游问讯处在哪儿?
lǚ yóu wèn xùn chù zài nǎ r

□ 이 도시의 관광안내 팜플렛은 있나요?

여우 저 거 디 팡 더 여우 란 투 마 ?

有这个地方的游览图吗?
yǒu zhè gè dì fāng de yóu lǎn tú mǎ

□ 시내지도를 주세요.

워 야오 마이 스 취 디 투.

我要买市区地图。
wǒ yào mǎi shì qū dì tú

□ 버스 노선도를 주세요.

칭 께이 워 이 펀 꽁 공 쟈오 통 투.

请给我一份公共交通图。
qǐng gěi wǒ yī fèn gōnggòng jiāo tōng tú

□ 이곳에는 어떤 명승지가 있나요?

저ㄹ 또우 칸 따오 씨에 선 머 ?

这儿都看到些什么?
zhè r dōu kàn dào xiē shén me

□ 그곳에서는 주로 어떤 것을 구경할 수 있나요?

짜이 나ㄹ 넝 칸 따오 씨에 선 머 ?

在哪儿能看到些什么?
zài nǎ r néng kàn dào xiē shén me

□ 볼만한 것은 어떤 것이 있나요?

나 씨에 디 팡 즈 더 이 칸?

哪些地方直的一看?
nǎ xiē dì fāng zhí de yī kàn

□ 이 도시의 가장 번화한 곳은 어디입니까?

저 쭈오 청 스 쭈이 판 후아 더 디 팡 짜이 나ㄹ?

这座城市最繁华的地方在哪儿?
zhè zuò chéng shì zuì fán huá de dì fāng zài nǎ r

□ 어떤 관광코스가 있나요?

여우 나 씨에 뤼 여우 루 씨엔?

有哪些旅游路线?
yǒu nǎ xiē lǚ yóu lù xiàn

□ 이 코스는 시간이 얼마나 걸립니까?

나 탸오 루 씨엔 쉬 야오 뚜오 창 스 지엔?

那条路线需要多长是间?
nà tiáo lù xiàn xū yào duō cháng shí jiān

□ 예약을 해야 합니까?

쉬 야오 위 위에 마?

需要预约吗?
xū yào yù yuē má

□ 역사에 흥미가 있는데요.

워 뚜이 리 스 헌 깐 씽 취.

我对历史很感兴趣。
wǒ duì lì shǐ hěn gǎn xīng qù

□ 북경에는 많은 명승고적들이 있습니다.

베이 징 여우 헌 뚜오 밍 성 꾸 지.

北京有很多名胜古迹。
běi jīng yǒu hěn duō míng shèng gǔ jì

□ 소개해주십시오.

넝 뿌 넝 지에 사오 이 씨아?

能不能介绍一下?
néng bù néng jiè shào yī xià

□ 여기에는 어떤 명승지들이 있습니까?

저 리 뚜 여우 선 머 밍 성?

这里都有什么名胜?
zhè lǐ dū yǒu shén me míng shèng

□ 이화원은 하나의 관광명소입니다.

이 허 위엔 스 이 꺼 꾸안 꾸앙 밍 성.

颐和园是一个观光名胜。
yí hé yuán shì yī gè guān guāng míng shèng

□ 항주는 화동의 여행지로 꼽힙니다.

항 조우 스 후아 똥 더 리우 여우 성 띠.

杭州是华东的旅游胜地。
háng zhōu shì huá dōng dè lǚ yóu shèng dì

□ 고궁은 관광을 해볼만한 곳입니다.

꾸 꽁 스 이 꺼 즈 더 꾸안 꾸앙 더 디 팡.

故宫是一个值得观光的地方。
gù gōng shì yī gè zhí dé guān guāng dè dì fāng

□ 경치가 좋은 곳은 어디입니까?

나ㄹ 펑 징 하오 칸?

哪儿风景好看?
nǎ r fēng jǐng hǎo kàn

□ 여기서 멉니까?

리 저ㄹ 위엔 뿌 위엔?

离这儿远不远?
lí zhè r yuǎn bù yuǎn

관광

140

□ 여기서 걸어서 갈 수 있습니까?

넝 쩌우 주오 취 마 ?

能走着去吗?
néng zǒu zhuó qù má

□ 왕복으로 어느 정도 시간이 걸립니까?

라이 후이 야오 뚜오 샤오 스 지엔 ?

来回要多少时间?
lái huí yào duō shǎo shí jiān

□ 버스로 갈 수 있나요?

넝 쭈오 꽁공 치 처 마 ?

能坐公共汽车吗?
néng zuò gōng gòng qì chē má

□ 당일치기로 다녀올 수 있는 곳을 가르쳐 주세요

칭 까오 수 워 이 거 넝 땅 티엔 왕 판 더 뤼 여우 띠엔.

请告诉我一个能当天往返的旅游点。
qǐng gào sù wǒ yī gè néng dāng tiān wǎng fǎn de lǚ yóu diǎn

□ 유람선은 있나요?

여우 여우 란 추안 마 ?

有游览船吗?
yǒu yóu lǎn chuán má

□ 여기서 예약할 수 있나요?

넝 짜이 저 리 위 위에 마 ?

能在这里预约吗?
néng zài zhè lǐ yù yuē má

□ 여기서 표를 살 수 있나요?

넝 짜이 저 리 마이 퍄오 마 ?

能在这里买票吗?
néng zài zhè lǐ mǎi piào má

141

 관광버스 · 투어를 이용할 때

☐ 단체관광에 참가하고 싶습니다.

워 씨앙 찬 지아 투안 티 뤼 여우.

我想参加团体旅游。
wǒ xiǎng cān jiā tuán tǐ lǚ yóu

☐ 관광투어에 참가하고 싶은데요.

워 씨앙 찬 지아 이 거 뤼 여우 투안.

我想参加一个旅游团。
wǒ xiǎng cān jiā yī gè lǚ yóu tuán

☐ 교외관광버스는 있나요?

메이 여우 메이 여우 란 쟈오 취 더 뤼 여우 처?

没有没游览郊区的旅游车?
méi yǒu méi yóu lǎn jiāo qū de lǚ yóu chē

☐ 어떤 종류의 투어가 있습니까?

또우 여우 나ㄹ 종 뤼 여우 루 씨엔?

都有哪儿种旅游路线?
dōu yǒu nǎ r zhǒng lǚ yóu lù xiàn

☐ 투어 팜플렛을 주십시오.

칭 께이 워 이 펀 지에 사오 소우 처.

请给我一份介绍手册。
qǐng gěi wǒ yī fèn jiè shào shǒu cè

☐ 하루(반나절) 코스는 있습니까?

여우 씽 청 이 르 (빤 르) 더 뤼 여우 마?

有行程一日(半日)的旅游吗?
yǒu xíng chéng yī rì bàn rì de lǚ yóu mǎ

□ 오전(오후) 코스는 있습니까?

여우 상 우 (씨아 우) 더 뤼 여우 마 ?

有上午(下午)的旅游吗?
yǒu shàng wǔ   xià wǔ   de lǔ yóu má

□ 야간투어는 있나요?

여우 완 상 더 뤼 여우 마 ?

有晚上的旅游吗?
yǒu wǎn shàng de lǔ yóu má

□ 그 투어는 어디를 돕니까?

나 거 뤼 여우 투안 또우 취 선 머 디 팡 ?

那个旅游团都去什么地方?
nà gè lǔ yóu tuán dōu qù shén me dì fāng

□ 인기가 있는 투어를 소개해 주세요.

칭 닌 지에 사오 이 씨아ㄹ 삐 쟈오 소우 후안 잉 더 뤼 여우 루 씨엔.

请您介绍一下儿比较受欢迎的旅游路线。
qǐng nín jiè shào yī xià r   bǐ jiào shòu huān yíng de lǔ yóu lù xiàn

□ 투어는 몇 시간 걸립니까?

저 거 뤼 여우 스 지엔 쑤 아오 뚜오 창 ?

这个旅游时间需要多长?
zhè gè lǔ yóu shí jiān xū yào duō cháng

□ 식사는 나옵니까?

빠오 꾸아 판 마 ?

包括饭吗?
bāo guā fàn má

□ 몇 시에 출발합니까?

지 띠엔 추 파 ?

几点出发?
jǐ diǎn chū fā

143

□ 어디에서 출발합니까?

총 나ㄹ 추 파 ?

从哪儿出发?
cóng nǎ r chū fā

□ 언제 돌아옵니까?

지 띠엔 지에 수 ?

几点结束?
jǐ diǎn jié shù

□ 베이징 호텔에서 탈 수 있나요?

짜이 베이 징 판 띠엔 커 이 상 처 마 ?

在北京饭店可以上车吗?
zài běi jīng fàn diàn kě yǐ shàng chē má

□ 이화원에서 자유시간은 있습니까?

짜이 이 허 위엔 여우 즈 여우 스 지엔 마 ?

在颐和园有自由时间吗?
zài yí hé yuán yǒu zì yóu shí jiān má

□ 베이징 호텔에서 내려 줍니까?

커 이 짜이 베이 징 판 띠엔 처 마 ?

可以在北京饭店下车吗?
kě yǐ zài běi jīng fàn diàn xià chē má

□ 점심은 각자 준비해야 됩니까?

야오 즈 따이 우 찬 마 ?

要自带午餐吗?
yào zì dài wǔ cān má

□ 하루에 얼마입니까?

이 티엔 뚜오 샤오 치엔 ?

一天多少钱?
yī tiān duō shǎoqián

144

□ 여기서 예약할 수 있나요?

넝 짜이 저 리 위 위에 마 ?

能在这里预约吗?
néng zài zhè lǐ yù yuē má

□ 표는 어디서 삽니까?

짜이 나ㄹ 넝 마이 퍄오 ?

在哪儿能买票?
zài nǎ r néng mǎi piào

□ 한국어 가이드는 있나요?

여우 한 꾸오 위 따오 여우 마 ?

有韩国语导游吗?
yǒu hán guó yǔ dǎo yóu má

□ 한국어를 하는 가이드를 부탁합니다.

여우 따이 한 꾸오 위 따오 여우 더 뤼 여우 루 씨엔 마 ?

有带韩国语导游的旅游路线吗?
yǒu dài hán guó yǔ dǎo yóu dè lǚ yóu lù xiàn má

□ 다른 투어는 없나요?

하이 여우 메이 여우 삐에 더 뤼 여우 ?

还有没有别的旅游?
hái yǒu méi yǒu bié dè lǚ yóu

□ 택시로 관광하고 싶은데요

워 씨앙 쭈오 추 쭈 치 처 뤼 여우.

我想坐出租汽车旅游。
wǒ xiǎng zuò chū zū qì chē lǚ yóu

□ 몇 시까지 버스로 돌아오면 됩니까?

지 띠엔 후이 따오 처 상 너 ?

几点回到车上呢?
jǐ diǎn huí dào chē shàng ne

□ 이것은 무엇입니까?

나 스 선 머 ?

那是什么?
nà shì shén me

□ 높이(크기·길이)는 어느 정도입니까?

여우 뚜오 까오 (따·창) ?

有多高(大·长)?
yǒu duō gāo   dà   cháng

□ 얼마나 오래되었습니까?

여우 뚜오 사오 니엔 더 리 스 ?

有多少年的历史?
yǒu duō shǎonián de lì shǐ

□ 저건 무슨 강(산)입니까?

나 탸오 허 (쭈오 산) 쟈오 선 머 ?

那条河(座山)叫什么?
nà tiáo hé   zuò shān jiàoshén me

□ 여기서 어느 정도 머뭅니까?

짜이 저 리 팅 뚜오 지우 ?

在这里停多久?
zài zhè lǐ tíng duō jiǔ

□ 사진을 찍을 시간은 있습니까?

여우 자오 씨앙 더 스 지엔 마 ?

有照相的时间吗?
yǒu zhàoxiàng de shí jiān má

□ 뭔가 먹을 시간은 있습니까?

여우 츠 똥 시 더 스 지엔 마 ?

有吃东西的时间吗?
yǒu chī dōng xī de shí jiān má

146

관광지에서

□ 입장료는 얼마입니까?

루 창 페이 스 뚜오 사오 ?

入场费是多少?
rù chǎng fèi shì duō shǎo

□ 외국인표 한 장 주세요.

께이 워 이 장 와이 삔 퍄오.

给我一张外宾票。
gěi wǒ yī zhāng wài bīn piào

□ 어디서 살 수 있나요?

짜이 날 넝 마이 따오 ?

在哪儿能买到?
zài nǎ r néng mǎi dào

□ 몇 시에 문을 엽니까?

지 띠엔 카이 꾸안 ?

几点开馆?
jǐ diǎn kāi guǎn

□ 언제 문을 닫습니까?

지 띠엔 삐 꾸안 ?

几点闭馆?
jǐ diǎn bì guǎn

□ 설명 좀 부탁드립니다.

칭 지에 사오 이 씨아.

请介绍一下。
qǐng jiè shào yí xià

□ 북경의 유람명승지에 대해서 설명 좀 부탁드립니다.

칭 지에 사오 이 씨아 베이 징 더 여우 란 성 띠.

请介绍一下北京的游览胜地。
qǐng jiè shào yí xià běi jīng de yóu lǎn shèng dì

□ 북경에는 어떤 명승지들이 있습니까?

칭 원 베이 징 또우 여우 나 씨에 밍 성?

请问北京都有哪些名胜?
qǐng wèn běi jīng dōu yǒu nǎ xiē míng shèng

□ 설명해주실 수 없습니까?

넝 뿌 넝 수오 밍 이 씨아?

能不能说明一下?
néng bù néng shuōmíng yī xià

□ 저에게 설명해주실 수 있습니까?

방 워 지에 사오 이 씨아 하오 마?

帮我介绍一下好吗?
bāng wǒ jiè shào yī xià hǎo ma

□ 다른 게 더 있습니까?

하이 여우 삐에 더 마?

还有别的吗?
hái yǒu bié de ma

□ 이것 외에 다른 것이 또 있습니까?

추 러 저 꺼 이 와이 하이 여우 삐에 더 마?

除了这个以外还有别的吗?
chú le zhè gè yǐ wài hái yǒu bié de ma

□ 이것들을 제외하고 또 있습니까?

추 러 저 씨에, 하이 여우 메이 여우 삐에 더?

除了这些，还有没有别的?
chú le zhè xiē hái yǒu méi yǒu bié de

148

□ 이것을 제외하고 다른 것은 없나요?

추 츠 즈 와이 지우 메이 삐에 더 마 ?

除此之外就没别的吗?
chú cǐ zhī wài jiù méi bié de ma

□ 어느 지역에 위치하고 있습니까?

웨이 위 나 거 띠 팡 ?

位于哪个地方?
wèi yú nǎ gè dì fāng

□ 고궁은 북경시의 중심에 자리 잡고 있습니다.

꾸 꽁 웨이 위 베이 징 스 더 죵 씬.

故宫位于北京市的中心。
gù gōng wèi yú běi jīng shì de zhōng xīn

□ 연변은 동북아시아의 금삼각에 위치하고 있습니다.

얀 삐엔 웨이 위 똥 뻬이 야 진 산 쟈오.

延边位于东北亚金三角。
yán biān wèi yú dōng běi yà jīn sān jiǎo

□ 상해는 장강의 바다 입구에 위치하고 있습니다.

상 하이 디 추 창 지앙 더 루 하이 커우.

上海地处长江的入海口。
shàng hǎi dì chù cháng jiāng de rù hǎi kǒu

□ 북경의 여러 고대 건축은 세계 여러 나라에 알려져 있습니다.

베이 징 더 거 죵 꾸 지엔 주 원 밍 씨아 얼.

北京的各种古建筑闻名遐迩。
běi jīng de gè zhǒng gǔ jiàn zhù wén míng xiá ěr

□ 실례합니다만, 공중화장실은 어디에 있습니까?

칭 원, 꽁 용 처 수오 짜이 나ㄹ ?

请问，共用厕所在哪儿?
qǐng wèn gòng yòng cè suǒ zài nǎ r

□ 이것은 무엇입니까?

저 스 선 머 ?

这是什么?
zhè shì shén me

□ 저것은 뭐라고 부릅니까?

나 쟈오 선 머 ?

那叫什么?
nà jiào shén me

□ 실례합니다만, 매점은 어디에 있습니까?

칭 원, 쌰오 마이 뿌 짜이 나ㄹ ?

请问, 小卖部在哪儿?
qǐng wèn xiǎo mài bù zài nǎ r

□ 안으로 들어가도 됩니까?

워 커 이 진 취 마 ?

我可以进去吗?
wǒ kě yǐ jìn qù ma

□ 언제 것입니까?

선 머 스 허우 더 ?

什么时候的?
shén me shí hòu de

□ 이 작품은 어느 시기의 것입니까?

저 지엔 쭈오 핀 스 선 머 스 허우 더 ?

这件作品是什么时候的?
zhè jiàn zuò pǐn shì shén me shí hòu de

□ 이 건물은 어느 시대의 것입니까?

저 쭈오 지엔 주 우 스 나 거 니엔 따이 더 ?

这座建筑物是哪个年代的?
zhè zuò jiàn zhù wù shì nǎ gè nián dài de

□ 이 도자기는 어느 시대의 것입니까?

저 꺼 츠 치 스 선 머 자오 따오 더 ?

这个瓷器是什么朝代的?
zhè gè cí qì shì shén me zhāo dài dè

□ 이 작품은 어느 시기의 것입니까?

저 거 쭈오 핀 스 선 머 스 치 더 ?

这个作品是什么时期的?
zhè gè zuò pǐn shì shén me shí qī dè

□ 어느 시대 사람입니까?

스 선 머 스 따이 더 런 ?

是什么时代的人?
shì shén me shí dài dè rén ·

□ 이 풍속은 어느 지방의 것입니까?

저 거 펑 수 스 선 머 디 팡 더 ?

这个风俗是什么地方的?
zhè gè fēng sú shì shén me dì fāng dè

□ 만리장성의 전체 길이는 얼마입니까?

완 리 창 청 더 취엔 창 스 뚜오 사오 ?

万里长城的全长是多少?
wàn lǐ cháng chéng dè quán cháng shì duō shǎo

□ 상해부터 인천까지의 거리는 어떻게 됩니까?

상 하이 따오 런 추안 더 지우 리 여우 뚜오 위엔 ?

上海到仁川的距离有多远?
shàng hǎi dào rén chuān dè jù lí yǒu duō yuǎn

□ 만리장성은 정말 웅장합니다.

완 리 창 청 전 씨옹 웨이 아.

万里长城真雄伟啊。
wàn lǐ cháng chéng zhēn xióng wěi ā

□ 계림은 참으로 아름답습니다.

꾸이 린 전 스 타이 퍄오 리앙 러.

桂林真是太漂亮了。
guì lín zhēn shì tài piāo liàng le

□ 장강삼협은 정말 장관입니다!

창 지앙 산 씨아 뚜오 머 주앙 꾸안 아 !

长江三峡多么壮观啊!
cháng jiāng sān xiá duō me zhuàng guān ā

□ 뭔가 먹을 수 있는 곳이 있습니까?

여우 츠 뚱 시 더 디 팡 마 ?

有吃东西的地方吗?
yǒu chī dōng xi de dì fāng má

□ 어디서 오셨습니까?

닌 충 나ㄹ 라이 ?

您从哪儿来?
nín cóng nǎ r lái

□ 저는 한국에서 왔습니다.

워 충 한 꾸오 라이.

我从韩国来。
wǒ cóng hán guó lái

□ 케이블카는 어디서 탑니까?

짜이 나ㄹ 커 이 쭈오 란 처 ?

在哪儿可以坐缆车?
zài nǎ r kě yǐ zuò lǎn chē

□ 오늘은 정말 즐거웠습니다.

워 진 티엔 완 ㄹ 더 전 위 콰이.

我今天玩儿得真愉快。
wǒ jīn tiān wán r dé zhēn yú kuài

사진을 찍을 때

☐ 필름 한 통 사고 싶은데요

워 야오 마이 이 거 쟈오 주엔.

我要买一个胶卷。
wǒ yào mǎi yī gè jiāojuǎn

☐ 여기서 사진을 찍어도 됩니까?

저 리 커 이 쟈오 씨앙 마 ?

这里可以照相吗?
zhè lǐ kě yǐ zhàoxiāng ma

☐ 여기서 사진 찍을 수 있나요?

저 리 커 이 파이 서 마 ?

这里可以拍摄吗?
zhè lǐ kě yǐ pāi shè ma

☐ 플래시를 사용해도 됩니까?

커 이 용 산 꾸앙 덩 마 ?

可以用闪光灯吗?
kě yǐ yòng shǎnguāngdēng ma

☐ 저와 함께 사진을 찍으시겠니까?

칭 껀 워 이 치 쟈오 이 장 씨앙.

请跟我一起照一张相。
qǐng gēn wǒ yī qǐ zhào yī zhāngxiāng

☐ 여기서 사진 찍고 싶은데 가능하겠습니까?

워 씨앙 짜이 저 리 쟈오 씨앙 커 이 마 ?

我想在这里照相可以吗?
wǒ xiǎng zài zhè lǐ zhàoxiāng kě yǐ ma

153

□ 죄송한데요. 사진 한 장 찍어주시겠습니까?

마 판 닌 께이 워 자오 장 씨앙, 하오 마 ?

麻烦您给我照张相，好吗？
má fán nín gěi wǒ zhào zhāng xiàng　hǎo ma

□ 찍겠습니다. 웃으세요.

야오 자오 러, 쌰오 이 쌰오.

要照了，笑一笑。
yào zhào le　xiào yī xiào

□ 당신을 찍어도 됩니까?

워 커 이 자오 니 마 ?

我可以照你吗？
wǒ kě yǐ zhào nǐ ma

□ 좋아요. 이것 어떻게 찍죠?

하오 더, 저 거 쩐 머 파이 ?

好的，这个怎么拍？
hǎo dè　zhè gè zěn me pāi

□ 이 버튼을 누르면 됩니다.

안 저 거 안 니우 지우 씽.

按这个按钮就行。
àn zhè gè àn niǔ jiù xíng

□ 다시 한번 부탁합니다.

칭 짜이 자오 이 장.

请再照一张。
qǐng zài zhào yī zhāng

□ 사진을 보내겠습니다.

워 바 씨앙 피엔 께이 니 지 라이.

我把相片给你寄来。
wǒ bǎ xiàngpiàn gěi nǐ jì lái

154

기념품을 구입할 때

☐ 기념품 가게는 어디에 있나요?

여우 마이 지 니엔 핀 더 디 팡 마 ?

有买纪念品的地方吗?
yǒu mǎi jì niàn pǐn de dì fāng má

☐ 인기가 있는 기념품은 무엇입니까?

비 쟈오 소우 후안 잉 더 리 핀 스 선 머 ?

比较受欢迎的礼品是什么?
bǐ jiào shòu huān yíng de lǐ pǐn shì shén me

☐ 그림엽서를 팝니까?

마이 메이 수 밍 씬 후아 피엔 마 ?

买美术明信画片吗?
mǎi měi shù míng xìn huà piàn má

☐ 여기서 기념품을 팝니까?

저 리 마이 지 니엔 핀 마 ?

这里卖纪念品吗?
zhè lǐ mài jì niàn pǐn ma

☐ 어디서 살 수 있습니까?

짜이 나ㄹ 넝 마이 따오.

在哪儿能买到。
zài nǎ r néng mǎi dào

☐ 어디서 이런 사전을 살 수 있어요?

짜이 나ㄹ 넝 마이 따오 저 종 츠 디엔 ?

在哪儿能买到这种词典?
zài nǎ r néng mǎi dào zhè zhǒng cí diǎn

□ 어디서 팝니까

짜이 나ㄹ 마이?

在哪儿卖?
zài nǎ r mài

□ 어디서 샀습니까?

짜이 나ㄹ 마이?

在哪儿买?
zài nǎ r mǎi

□ 어디에 가면 이 책을 살 수 있어요?

따오 선 머 디 팡 커 이 마이 따오 저 번 수?

到什么地方可以买到这本书?
dào shén me dì fāng kě yǐ mǎi dào zhè běn shū

□ 어디서 판매합니까?

짜이 나ㄹ 추 소우?

在哪儿出售?
zài nǎ r chū shòu

□ 이것은 얼마입니까?

저 거 뚜오 사오 치엔?

这个多少钱?
zhè gè duō shǎoqián

□ 너무 비쌉니다.

타이 꾸이 러.

太贵了。
tài guì le

□ 조금 깎아 주십시오

삐엔 이 이 띠아ㄹ 바.

便宜一点儿吧。
biàn yí yi diǎn r ba

□ 관광	观光(guānguāng)	꾸안구앙
□ 광장	广场(guǎngchǎng)	꾸앙창
□ 명승고적	名胜古迹(míngshènggǔjì)	밍성꾸지
□ 장성	长城(chángchéng)	창청
□ 능묘	陵墓(língmù)	링무
□ 탑	塔(tǎ)	타
□ 고궁	故宫(gùgōng)	꾸공
□ 사원	寺院(shìyuàn)	스위엔
□ 건축물	建筑物(jiànzhùwù)	지엔주우
□ 지도	地图(dìtú)	디투
□ 여행일정	旅游项目(lǚyóuxiàngmù)	뤼여우씨앙무
□ 박물관	博物馆(bówùguǎn)	뽀우꾸안
□ 공원	公园(gōngyuán)	꽁위엔
□ 단체여행	团体旅游(tuántǐlǚyóu)	투안티뤼여우
□ 관광가이드	导游(dǎoyóu)	따오여우
□ 경치	风景(fēngjǐng)	펑징
□ 관광명승지	观光胜地(guānguāngshèngdì)	꾸안구앙성띠
□ 매점	小卖部(xiǎomàibù)	쌰오마이뿌
□ 공중화장실	共用厕所(gòngyòngcèsuǒ)	꽁용처수오
□ 견학	参观(cānguān)	찬꾸안
□ 미술관	美术馆(měishùguǎn)	메이수꾸안
□ 팜플렛	指南(zhǐnán)	즈난
□ 매표소	售票口(shòupiàokǒu)	소우퍄오커우
□ 번화가	闹市(nàoshì)	나오스

☐ 그저께	前天(qiántiān)	치엔티엔
☐ 어제	昨天(zuótiān)	쭈오티엔
☐ 오늘	今天(jīntiān)	진티엔
☐ 내일	明天(míngtiān)	밍티엔
☐ 모레	后天(hòutiān)	허우티엔
☐ 지난주	上星期(shàngxīngqī)	상씽치
☐ 이번주	这星期(zhèxīngqī)	저씽치
☐ 다음주	下星期(xiàxīngqī)	씨아씽치
☐ 지난달	上个月(shànggèyuè)	상거위에
☐ 이번달	这个月(zhègèyuè)	저거위에
☐ 다음달	下个月(xiàgèyuè)	씨아거위에
☐ 작년	去年(qùnián)	취니엔
☐ 올해	今年(jīnnián)	진니엔
☐ 내년	明年(míngnián)	밍니엔
☐ 지금	现在(xiànzài)	씨엔짜이
☐ 몇, 무슨	几(jǐ)	지
☐ 년, 해	年(nián)	니엔
☐ 월, 달	月(yuè)	위에
☐ 요일	星期(xīngqī)	씽치
☐ 일	日(rì)	르
☐ 일, 날	号(hào)	하오

Part 6

오락

娱乐

 # 경극을 관람할 때

□ 경극을 보고 싶은데요.

워 씨앙 칸 징 지우.

我想看京剧。
wǒ xiǎng kàn jīng jù

□ 경극은 어디서 볼 수 있나요?

짜이 나 리 넝 칸 징 지우 ?

在哪里能看京剧?
zài nǎ lǐ néng kàn jīng jù

□ 인민극장은 어디에 있나요?

런 민 지우 창 짜이 나ㄹ ?

人民剧场在哪儿?
rén mín jù chǎng zài nǎ r

□ 오늘 프로그램은 무엇입니까?

진 티엔 더 지에 무 스 선 머 ?

今天的节目是什么?
jīn tiān de jié mù shì shén me

□ 오늘 표는 아직 있나요?

땅 티엔 퍄오 하이 여우 마 ?

当天票还有吗?
dāng tiān piào hái yǒu ma

□ 며칠 전부터 발매를 하나요?

티 치엔 지 티엔 카이 스 위 소우.

提前几天开始预售。
tí qián jǐ tiān kāi shǐ yù shòu

□ 몇 시에 시작합니까(끝납니까)?

지 띠엔 카이 스 (지에 수) 이엔 추 ?

几点开始(结束)演出?
jǐ diǎn kāi shǐ   jié shù   yǎn chū

□ 매표소는 어디에 있습니까?

소우 퍄오 추 짜이 나ㄹ ?

售票处在哪儿?
shòu piào chù zài nǎ r

□ 아직 표를 구할 수 있나요?

하이 넝 마이 따오 퍄오 마 ?

还能买到票吗?
hái néng mǎi dào piào má

□ 지정석입니까?

야오 뚜이 마이 따오 퍄오 마 ?

要对买到票吗?
yào duì mǎi dào piào má

□ 가장 싼(비싼) 표는 얼마입니까?

쭈이 삐엔 이 (꾸이) 더 퍄오 뚜오 사오 치엔 ?

最便宜(贵)的票多少钱?
zuì biàn yí guì   de piào duō shǎo qián

□ 예매(당일) 표를 주세요

워 씨앙 마이 위 소우 (땅 티엔) 퍄오 ?

我想买预售(当天)票?
wǒ xiǎng mǎi yù shòu dāng tiān piào

□ 오늘 몇 회 공연이 있나요?

진 티엔 여우 지 츠 이엔 추 ?

今天有几次演出?
jīn tiān yǒu jǐ cì yǎn chū

오락

161

□ 윗자리로 부탁하고 싶은데요.

워 야오 로우 샹 더 쭈오 웨이 ?

我要楼上的座位?
wǒ yào lóu shàng de zuò wèi

□ 아직 좋은 자리는 있나요?

하이 여우 하오 웨이 즈 마 ?

还有好位子吗?
hái yǒu hǎo wèi zǐ má

□ 그 좌석은 어느 주변인가요?

나 거 쭈오 웨이 짜이 나ㄹ ?

那个座位在哪儿?
nà gè zuò wèi zài nǎ　r

□ 좌석번호는 몇 번입니까?

스 지 하오 쭈오 웨이 ?

是几号座位?
shì jǐ hào zuò wèi

□ 재미있습니까(재미없습니까)?

여우 (메이 여우) 이 쓰 마 ?

有(没有)意思吗?
yǒu méi yǒu yì sī má

□ 제 좌석으로 안내해 주십시오.

넝 빵 워 자오 이 씨아 쭈오 웨이 마 ?

能帮我找一下座位吗?
néng bāng wǒ zhǎo yī xià zuò wèi má

□ 이 극의 주역은 누구입니까?

저 거 씨 더 주 쟈오 스 세이 ?

这个戏的主角是谁?
zhè gè xì de zhǔ jiǎo shì shéi

162

 # 기예를 구경할 때

오락

□ 기예를 보고 싶습니다.

워 씨앙 칸 짜 지 ?

我想看杂技?
wǒ xiǎng kàn zá jì

□ 이 도시에 기예단이 있습니까?

저 거 청 스 리 여우 짜 지 투안 마 ?

这个城市里有杂技团吗?
zhè gè chéng shì lǐ yǒu zá jì tuán má

□ 오늘 저녁 표는 있습니까?

여우 진 티엔 완 상 더 퍄오 마 ?

有今天晚上的票吗?
yǒu jīn tiān wǎn shàng de piào má

□ 몇 시부터 공연을 시작하나요?

지 띠엔 카이 스 이엔 추 ?

几点开始演出?
jǐ diǎn kāi shǐ yǎn chū

□ 제일 좋은 좌석은 한 장에 얼마입니까?

쭈이 하오 더 쭈오 웨이 이 장 뚜오 사오 치엔 ?

最好的座位一张多少钱?
zuì hǎo de zuò wèi yī zhāng duō shǎoqián

□ 1등석 3장 주세요.

워 야오 산 장 토우 덩 씨.

我要三张头等席。
wǒ yào sān zhāng tóu děng xí

163

□ 이 좌석의 위치는 어디인가요?

칭 원,　저 거 쭈오 웨이 짜이 나ㄹ ?

请问，这个坐位在哪儿?
qǐng wèn　zhè gè zuò wèi zài nǎ　r

□ 낮 공연은 있나요?

빠이 티엔 여우 메이 여우 이엔 추 ?

白天有没有演出?
bái tiān yǒu méi yǒu yǎn chū

□ 장내에서 촬영(녹화)할 수 있나요?

창 네이 커 이 자오 씨앙 (루 씨앙) 마 ?

场内可以照相(录相)吗?
chǎng nèi kě yǐ zhàoxiàng lù xiàng má

□ 오늘 프로그램에 판다 기예가 있나요?

짜이 진 티엔 더 이엔 추 리 여우 메이 여우 쑨 씨앙 마오 ?

在今天的演出里有没有驯熊猫?
zài jīn tiān de yǎn chū lǐ yǒu méi yǒu xún xióng māo

□ 저 단원은 베테랑입니까?

나 거 투안 위엔 스 라오 소우 마 ?

那个团员是老手吗?
nà gè tuányuán shì lǎo shǒu má

□ 레퍼토리는 전부 몇 개 정도입니까?

상 이엔 지에 무 췐엔 뿌 여우 뚜오 사오 ?

上演节目全部有多少?
shàng yǎn jié mù quán bù yǒu duō shǎo

□ 이 연기는 스릴 만점입니다.

저 거 지에 무 스 페이 창 징 씨엔 더.

这个节目是非常惊险的。
zhè gè jié mù shì fēi cháng jīng xiǎn de

 # 영화를 감상할 때

☐ 요즘 어떤 영화를 상영하고 있습니까?

저 지 티엔 이엔 선 머 띠엔 잉 ?

这 几 天 演 什 么 电 影?
zhè jǐ tiān yǎn shén mè diàn yǐng

☐ 중국영화를 보고 싶습니다.

워 씨앙 칸 종 꾸오 띠엔 잉 ?

我 想 看 中 国 电 影?
wǒ xiǎng kàn zhōng guó diàn yǐng

☐ 어떤 프로가 상영됩니까?

보 팡 선 머 지에 무 ?

播 放 什 么 节 目?
bō fàng shén mè jié mù

☐ 오늘 저녁에 무슨 영화를 상영합니까?

진 완 이엔 선 머 디엔 잉 ?

今 晚 演 什 么 电 影?
jīn wǎn yǎn shén mè diàn yǐng

☐ 오늘 저녁 극장에서 어떤 영화를 상영합니까?

진 완 디엔 잉 위엔 이엔 선 머 디엔 잉 ?

今 晚 电 影 院 演 什 么 电 影?
jīn wǎn diàn yǐng yuàn yǎn shén mè diàn yǐng

☐ 중국 영화를 좋아하십니까?

니 씨 후안 종 꾸오 디엔 잉 마 ?

你 喜 欢 中 国 电 影 吗?
nǐ xǐ huān zhōng guó diàn yǐng mà

□ 입장료는 얼마입니까?

파오 지아 스 뚜오 사오 치엔 ?

票价是多少钱?
piào jià shì duō shǎoqián

□ 어느 배우를 가장 좋아하십니까?

니 쮀이 씨 후안 나 거 이엔 위엔 ?

你最喜欢哪个演员?
nǐ zuì xǐ huān nǎ ge yǎn yuán

□ 영화 배우 중 누굴 가장 좋아합니까?

니 씨 후안 나 이 웨이 디엔 잉 밍 씽 ?

你喜欢哪一位电影明星?
nǐ xǐ huān nǎ yī wèi diàn yǐng míng xīng

□ 자주 영화 구경을 가십니까?

니 창 취 칸 디엔 잉 마 ?

你常去看电影吗?
nǐ cháng qù kàn diàn yǐng má

□ 저는 한 달에 두 번 영화를 봅니다.

이 거 위에 워 칸 리앙 창 디엔 잉.

一个月我看两场电影。
yī gè yuè wǒ kàn liǎng chǎng diàn yǐng

□ 어떤 연극을 좋아하십니까?

니 씨 후안 선 머 양 더 씨 ?

你喜欢什么样的戏?
nǐ xǐ huān shén mè yàng dè xì

□ 최근에 무슨 좋은 연극을 보셨습니까?

쮀이 진 니 칸 꾸오 선 머 하오 씨 마 ?

最近你看过什么好戏吗?
zuì jìn nǐ kàn guò shén mè hǎo xì má

166

 # 음악과 미술

☐ 이곳의 가장 유명한 미술관은 어디입니까?

저ㄹ 쭈이 여우 밍 더 메이 수 꾸안 스 나 거 ?

这儿最有名的美术馆是哪个?
zhè r zuì yǒu míng de měi shù guǎn shì nǎ gè

☐ 입장료는 얼마입니까?

먼 퍄오 뚜오 사오 치엔 ?

门票多少钱?
mén piào duō shǎoqián

☐ 지금은 무엇을 전시하고 있나요?

씨엔 자이 여우 선 머 잔 란 ?

现在有什么展览?
xiàn zài yǒu shén me zhǎn lǎn

☐ 한국어로 된 안내자료가 있습니까?

여우 한 꾸오 위 더 지에 사오 즈 랴오 마 ?

有韩国语的介绍资料吗?
yǒu hán guó yǔ de jiè shào zī liào má

☐ 몇 시에 개관합니까?

지 띠엔 카이 먼 ?

几点开门?
jǐ diǎn kāi mén

☐ 몇 시에 폐관합니까?

지 띠엔 꾸안 먼 ?

几点关门?
jǐ diǎnguān mén

□ 이곳에는 주로 어떤 것이 전시되어 있나요?

저 리 잔 스 더 또우 여우 나 씨에 ?

这里展示的都有哪些?
zhè lǐ zhǎn shì dé dōu yǒu nǎ xiē

□ 이 작품은 어느 시대의 것입니까?

저 거 쭈오 핀 스 나 거 스 따이 더 ?

这个作品是哪个时代的?
zhè gè zuò pǐn shì nǎ gè shí dài dé

□ 가장 유명한 작품은 어떤 것입니까?

저 리 쭈이 여우 밍 더 쭈오 핀 스 나 거 ?

这里最有名的作品是哪个?
zhè lǐ zuì yǒu míng dé zuò pǐn shì nǎ gè

□ 이것은 누구 작품입니까?

저 스 세이 더 쭈오 핀 ?

这是谁的作品?
zhè shì shéi dé zuò pǐn

□ 여기서 사진을 찍어도 됩니까?

짜이 저 커 이 파이 서 마 ?

在这可以拍摄吗?
zài zhè kě yǐ pāi shè má

□ 미술 전시회에 가서 구경합니다.

취 칸 후아 잔.

去看画展。
qù kàn huà zhǎn

□ 이영호의 미술전시회에 갈 겁니까?

니 취 뿌 취 리 용 하오 더 후아 잔 ?

你去不去李永浩的画展?
nǐ qù bù qù lǐ yǒng hào dé huà zhǎn

□ 나는 당연히 미술전람회에 갈 겁니다.

워 땅 란 야오 취 후아 잔 러.

我当然要去画展了。
wǒ dāng rán yào qù huà zhǎn le

□ 함께 미술전시회를 보러 갑시다.

이 치 취 칸 메이 수 잔 바.

一起去看美术展吧。
yì qǐ qù kàn měi shù zhǎn ba

□ 이번 예술절에 많은 미술작품들이 전시 될 겁니다.

저 츠 이 수 지에 후이 여우 쉬 뚜오 메이 수 핀 찬 잔.

这次艺术节会有许多美术品参展。
zhè cì yì shù jié huì yǒu xǔ duō měi shù pǐn cān zhǎn

□ 음악을 좋아하십니까?

니 아이 팅 인 위에 마 ?

你爱听音乐吗?
nǐ ài tīng yīn yuè má

□ 어떤 음악을 가장 좋아하십니까?

니 쭈이 아이 팅 선 머 양 더 인 위에 ?

你最爱听什么样的音乐?
nǐ zuì ài tīng shén me yàng de yīn yuè

□ 음반을 많이 갖고 계십니까?

니 여우 쉬 뚜오 창 피엔 마 ?

你有许多唱片吗?
nǐ yǒu xǔ duō chàng piàn má

□ 당신은 자주 음악회에 가십니까?

니 창 취 인 위에 후이 마 ?

你常去音乐会吗?
nǐ cháng qù yīn yuè huì má

169

□ 저는 클래식 광입니다.

워 스 꾸 디엔 미.

我是古典迷。
wǒ shì gǔ diǎn mí

□ 저는 경음악을 좋아합니다.

워 씨 후안 칭 인 위에.

我喜欢轻音乐。
wǒ xǐ huān qīng yīn yuè

□ 콘서트를 엽니다.

카이 이엔 창 후이.

开演唱会。
kāi yǎn chàng huì

□ 유덕화 콘서트에 가지 않겠습니까?

니 취 뿌 취 리우 더 후아 더 이엔 창 후이 ?

你去不去刘德华的演唱会?
nǐ qù bú qù liú dé huá de yǎn chàng huì

□ 어제 광장에서 음악회가 열렸습니다.

쭈오 티엔 짜이 꾸앙 창 카이 러 인 위에 후이.

昨天在广场开了音乐会。
zuó tiān zài guǎng chǎng kāi le yīn yuè huì

□ 나한테 콘서트 입장권 2장 있는데, 같이 갈래요?

워 여우 리앙 장 인 위에 후이 더 퍄오 이 치 취 바.

我有两张音乐会的票一起去吧。
wǒ yǒu liǎng zhāng yīn yuè huì de piào yī qǐ qù ba

□ 어떤 악기를 다루십니까?

니 후이 나 씨에 위에 취 ?

你会哪些乐器?
nǐ huì nǎ xiē yuè qì

170

축제를 참관할 때

☐ 오늘은 무슨 축제입니까?

진 티엔 스 선 머 지에 르?

今天是什么节日?
jīn tiān shì shén me jié rì

☐ 어떤 흥행물이 있나요?

여우 선 머 후오 똥?

有什么活动?
yǒu shén me huó dòng

☐ 어느 민족의 축제입니까?

저 거 지에 르 스 나 이 민 쭈 더?

这个节日是哪一民族的?
zhè gè jié rì shì nǎ yī mín zú de

☐ 외국인에게도 개방되어 있습니까?

뚜이 와이 카이 팡 마?

对外开放吗?
duì wài kāi fàng má

☐ 어떤 유래가 있는 축제입니까?

저 거 지에 르 여우 선 머 라이 리?

这个节日有什么来历?
zhè gè jié rì yǒu shén me lái lì

☐ 축제 때 특별한 요리를 만듭니까?

지에 르 더 스 허우 쭈오 터 삐에 더 차이 마?

节日的时候做特别的菜吗?
jié rì de shí hòu zuò tè bié de cài má

171

□ 가장 절정기는 며칠째입니까?

쭈이 러 나오 더 스 디 지 티엔 ?

最热闹的是第几天?
zuì rè nào de shì dì jǐ tiān

□ 축제기간에 시내에서 교통 통제가 있나요?

지에 르 치 지엔, 스 네이 여우 메이 여우 쟈오 통 씨엔 즈.

节日期间，市内有没有交通限制。
jié rì qī jiān shì nèi yǒu méi yǒu jiāo tōng xiàn zhì

□ 축제 때 금기가 있나요?

지에 르 더 스 허우 여우 선 머 진 지 마 ?

节日的时候有什么禁忌吗?
jié rì de shí hòu yǒu shén me jìn jì má

□ 축제는 며칠부터 며칠까지입니까?

총 지 하오 카이 스 지 하오 지에 수 ?

从几号开始几号结束?
cóng jǐ hào kāi shǐ jǐ hào jié shù

□ 저 빨간 옷은 민족의상입니까?

나 지엔 훙 서 더 이 푸 스 민 쭈 푸 주앙 마 ?

那件红色的衣服是民族服装吗?
nà jiàn hóng sè de yī fú shì mín zú fú zhuāng má

□ 그 축제는 매년 있습니까?

나 거 지에 르 메이 니엔 또우 여우 마 ?

那个节日每年都有吗?
nà gè jié rì měi nián dōu yǒu má

□ 어떤 의미입니까?

스 선 머 이 쓰 ?

是什么意思?
shì shén me yì sī

 ## 취미·오락에 대해서

□ 취미는 무엇입니까?

니 더 아이 하오 스 선 머 ?

你的爱好是什么?
nǐ de ài hǎo shì shén mè

□ 무엇에 관심이 있습니까?

니 뚜이 선 머 깐 씽 취 ?

你对什么感兴趣?
nǐ duì shén mè gǎn xīng qù

□ 제 취미는 독서입니다.

워 더 아이 하오 스 뚜 수.

我的爱好是读书。
wǒ de ài hǎo shì dú shū

□ 제 취미는 음악감상입니다.

워 아이 하오 팅 윈 위에.

我爱好听音乐。
wǒ ài hǎo tīng yīn yuè

□ 저는 볼링에 흥미를 가지게 되었습니다.

워 저 지 티엔 뚜이 빠오 링 취우 찬 성 러 씽 취.

我这几天对保龄球产生了兴趣。
wǒ zhè jǐ tiān duì bǎo líng qiú chǎnshēng le xīng qù

□ 나는 낚시를 좋아합니다.

워 씨 후안 땨오 위.

我喜欢钓鱼。
wǒ xǐ huāndiào yú

□ 좋은 취미를 가지셨군요.

니 여우 팅 뿌 추오 더 아이 하오.

你有挺不错的爱好。
nǐ yǒu tǐng bù cuò de ài hǎo

□ 취미는 사람마다 다릅니다.

칭 차이 루오 뿌 꺼 여우 수오 하오.

青菜萝卜各有所好。
qīng cài luó bǔ gè yǒu suǒ hǎo

□ 나는 등산을 좋아하게 되었습니다.

워 씨 후안 상 러 떵 산.

我喜欢上了登山。
wǒ xǐ huān shàng le dēng shān

□ 무엇을 수집하십니까?

니 소우 지 선 머?

你收集什么?
nǐ shōu jí shén me

□ 장기 둘 줄 아세요?

니 후이 씨아 씨앙 치 마?

你会下象棋吗?
nǐ huì xià xiàng qí má

□ 음악을 좋아하십니까?

니 아이 팅 인 러 마?

你爱听音乐吗?
nǐ ài tīng yīn lè ma

□ 어떤 악기를 다루십니까?

니 후이 나 씨에 러 치?

你会哪些乐器?
nǐ huì nǎ xiē lè qì

□ 이 부근에 노래방이 있습니까?

저 푸 진 여우 메이 여우 꺼 우 팅 ?

这附近有没有歌舞厅？
zhè fù jìn yǒu méi yǒu gē wǔ tīng

□ 무슨 노래를 부르시겠어요?

니 창 선 머 꺼 ?

你唱什么歌？
nǐ chàng shén mé gē

□ 당신이 선곡하세요?

니 라이 쑤안 꺼 바 ?

你来选歌吧？
nǐ lái xuǎn gē bā

□ 한국 노래를 할 줄 아세요?

니 후이 창 한 꾸오 꺼 마 ?

你会唱韩国歌吗？
nǐ huì chàng hán guó gē ma

□ 어떤 영화를 좋아하십니까?

니 씨 후안 선 머 양 더 디엔 잉 ?

你喜欢什么样的电影？
nǐ xǐ huān shén mé yàng de diàn yǐng

□ 저는 영화 관람을 좋아합니다.

워 씨 후안 칸 디엔 잉.

我喜欢看电影。
wǒ xǐ huān kàn diàn yǐng

□ 이 부근에 디스코장이 있나요?

저 푸 진 여우 디 스 커 우 팅 마 ?

这附近有迪斯科舞厅吗？
zhè fù jìn yǒu dí sī kē wǔ tīng ma

 # 클럽·바에서

오락

□ 이 호텔에 나이트가 있습니까?

저 거 판 띠엔 여우 이에 쫑 후이 마?

这个饭店有也总会吗?
zhè gè fàn diàn yǒu yě zǒng huì má

□ 호텔에 디스코장은 있나요?

짜이 판 띠엔, 리 여우 띠 스 커 우 팅 마?

在饭店, 里由迪斯科舞听吗?
zài fàn diàn   lǐ yóu dí sī kē wǔ tīng má

□ 오늘은 사람이 많습니까?

진 티엔 런 뚜오 사오 뚜오?

今天人多不多?
jīn tiān rén duō bù duō

□ 예약해야 합니까?

야오 뿌 야오 위 딩?

要不要预订?
yào bù yào yù dìng

□ 입장료는 얼마인가요?

먼 파오 이 장 뚜오 사오 치엔?

门票一张多少钱?
mén piào yī zhāng duō shǎoqián

□ 오늘밤은 몇 시까지입니까?

진 티엔 완 샹 카이 따오 지 띠엔?

今天晚上开到几点?
jīn tiān wǎn shàng kāi dào jǐ diǎn

□ 룸 하나 빌리고 싶은데요

워 씨앙 야오 이 지엔 빠오 씨앙.

我想要一间包箱。
wǒ xiǎng yào yī jiān bāo xiāng

□ 룸 하나 빌리는 데 한 시간에 얼마인가요?

빠오 씨앙 이 거 쌰오 수 뚜오 사오 치엔?

包箱一个小时多少钱?
bāo xiāng yī gè xiǎo shí duō shǎoqián

□ 가라오케는 있나요?

여우 메이 여우 카 라 오 케 빠오 씨앙?

有没有卡拉OK包厢?
yǒu méi yǒu kǎ lā   bāo xiāng

□ 한국 노래는 있나요?

여우 메이 여우 한 꾸오 꺼 취?

有没有韩国歌曲?
yǒu méi yǒu hán guó gē qū

□ 선곡집을 보여 주세요?

칭 께이 워 칸 칸 꺼 취 지.

请给我看看歌曲集。
qǐng gěi wǒ kàn kàn gē qū jí

□ 신청하고 싶은데 괜찮겠습니까?

워 씨앙 띠엔 취, 커 이 마?

我想点曲，可以吗?
wǒ xiǎngdiǎn qū   kě yǐ má

□ 1곡 당 얼마입니까?

이 소우 꺼 야오 푸 뚜오 사오 치엔?

一首歌要付多少钱?
yī shǒu gē yào fù duō shǎoqián

177

□ 함께 춤을 추시겠습니까?

커 이 껀 닌 탸오 거 우 마 ?

可以跟您跳个舞吗?
kě yǐ gēn nín tiào gè wǔ má

□ 칵테일 한 잔 주시겠어요?

칭 께이 워 땨오 이 베이 지 웨이 지우.

请给我调一杯鸡尾酒。
qǐng gěi wǒ diào yī bēi jī wěi jiǔ

□ 맥주 한 잔 주십시오

워 야오 이 베이 피 지우 ?

我要一杯啤酒?
wǒ yào yī bēi pí jiǔ

□ 생맥주는 있나요?

여우 메이 여우 자 피 ?

有没有扎啤?
yǒu méi yǒu zhá pí

□ 어떤 종류의 양주가 있나요?

저 리 또우 여우 선 머 양 더 양 지우 ?

这里都有什么样的洋酒?
zhè lǐ dōu yǒu shén me yàng de yáng jiǔ

□ 무슨 술을 하시겠습니까?

야오 허 선 머 지우 ?

要喝什么酒?
yào hē shén me jiǔ

□ 제가 한 잔 드리겠습니다.

워 징 닌 이 뻬이.

我敬您一杯。
wǒ jìng nín yī bēi

☐ 영화를 보다	看电影(kàndiànyǐng)	칸띠엔잉
☐ 음악을 듣다	听音乐(tīngyīnyuè)	팅인위에
☐ 경극	京剧(jīngjù)	징주
☐ 극장	剧场(jùchǎng)	주창
☐ 프로그램	节目(jiémù)	지에무
☐ 표	票(piào)	퍄오
☐ 매표소	售票处(shòupiàochù)	소우퍄오추
☐ 기예	杂技(zájì)	자지
☐ 배우	演员(yǎnyuán)	이엔위엔
☐ 연극	戏(xì)	씨
☐ 미술관	美术馆(měishùguǎn)	메이수꾸안
☐ 전시	展览(zhǎnlǎn)	잔란
☐ 개관	开门(kāimén)	카이먼
☐ 폐관	关门(guānmén)	꾸안먼
☐ 작품	作品(zuòpǐn)	쭈오핀
☐ 미술전시회	画展(huàzhǎn)	후아잔
☐ 음악회	唱会(chànghuì)	창후이
☐ 축제	节日(jiérì)	지에르
☐ 취미	爱好(àihǎo)	아이하오
☐ 낚시	钓鱼(diàoyú)	땨오위
☐ 등산	登山(dēngshān)	떵산
☐ 가라오케	卡拉(kǎlā)OK	카라오케
☐ 디스코	迪斯科(dísīkē)	디스커
☐ 나이트	总会(zǒnghuì)	종후이

오락

스포츠에 대해서

□ 운동을 좋아하십니까?

니 씨 후안 윈 동 마 ?

你喜欢运动吗?
nǐ xǐ huān yùn dòng má

□ 저는 운동이라면 다 좋아합니다.

즈 아오 스 윈 동, 워 또우 씨 후안.

只要是运动，我都喜欢。
zhǐ yào shì yùn dòng   wǒ dōu xǐ huān

□ 무슨 운동을 하십니까?

니 쭈오 선 머 윈 동 ?

你做什么运动?
nǐ zuò shén me yùn dòng

□ 저는 운동을 구경만 합니다.

워 즈 칸 윈 동 ?

我只看运动?
wǒ zhǐ kàn yùn dòng

□ 골프를 좋아하십니까?

닌 씨 후안 까오 얼 푸 치우 마 ?

您喜欢高尔夫球吗?
nín xǐ huān gāo ěr fu qiú má

□ 골프를 치신 지 몇 년 되셨습니까?

니 까오 얼 푸 치우 따 지 니엔 러 ?

你高尔夫球打几年了?
nǐ gāo ěr fu qiú dǎ jǐ nián le

180

□ 테니스를 치십니까?

니 후이 따 왕 치우 마 ?

你 会 打 网 球 吗 ?
nǐ huì dǎ wǎng qiú má

□ 저는 테니스를 매우 좋아합니다.

워 헌 씨 후안 따 왕 치우.

我 很 喜 欢 打 网 球 。
wǒ hěn xǐ huan dǎ wǎng qiú

□ 저는 야구광입니다.

워 스 빵 치우 미.

我 是 棒 球 迷 。
wǒ shì bàng qiú mí

□ 수영할 줄 아세요?

니 후이 여우 용 마 ?

你 会 游 泳 吗 ?
nǐ huì yóu yǒng má

□ 저는 축구경기를 즐겨봅니다.

워 아이 칸 쭈 치우 삐 사이.

我 爱 看 足 球 比 赛 。
wǒ ài kàn zú qiú bǐ sài

□ 오늘 농구 경기가 몇 게임 있습니까?

진 티엔 여우 지 창 란 치우 삐 사이 ?

今 天 有 几 场 篮 球 比 赛 ?
jīn tiān yǒu jǐ chǎng lán qiú bǐ sài

□ 어디서 입장권을 삽니까?

짜이 나ㄹ 마이 루 창 취엔 ?

在 哪 儿 买 入 场 券 ?
zài nǎ r mǎi rù chǎng quàn

□ 누구와 누구의 경기입니까?

세이 껀 세이 삐 사이 ?

谁跟谁比赛?
shéi gēn shéi bǐ sài

□ 경기가 어떻습니까?

티 더 쩐머 양 ?

踢得怎么样?
tī dé zěn mè yàng

□ 어제 저녁의 경기는 무승부로 끝났습니다.

쭈오 완 더 나 챵 삐 사이 따 청 러 핑 지우.

昨晚的那场比赛打成了平局。
zuó wǎn dè nà chǎng bǐ sài dǎ chéng le píng jú

□ 경기는 아직 10분 정도 남아 끝나지 않았습니다.

삐 사이 웨이 지에 수, 하이 성 스 펀 죵.

比赛未结束, 还剩十分钟。
bǐ sài wèi jié shù hái shèng shí fēn zhōng

□ 시합 결과는 예측하기 힘듭니다.

삐 사이 지에 꾸오 스 헌 난 위 처 더.

比赛结果是很难预测的。
bǐ sài jié guǒ shì hěn nán yù cè dè

□ 어제 권투 경기가 매우 재밌었습니다.

쭈오 티엔 더 추안 지 비 사이 헌 징 차이.

昨天的拳击比赛很精彩。
zuó tiān dè quán jī bǐ sài hěn jīng cǎi

□ 오늘의 경기에 패해서 마음이 괴롭습니다.

진 티엔 더 비 사이 수 러, 신 리 난 꾸오.

今天的比赛输了, 心理难过。
jīn tiān dè bǐ sài shū le xīn lǐ nán guò

□ 오늘 경기 결과는 어떻게 되었습니까?

진 티엔 더 비 사이 지에 꾸오 쩐 머 양?

今天的比赛结果怎么样?
jīn tiān de bǐ sài jié guǒ zěn me yàng

□ 상대방을 연속 패배시켰습니다.

리엔 쑤 따 빠이 러 뚜이 팡.

连续打败了对方。
lián xù dǎ bài le duì fāng

오락

□ 우리 팀은 연속 두 번 우승했습니다.

워 먼 뚜이 리엔 쑤 취 더 리앙 지에 꾸안 쥰.

我们队连续取得两届冠军。
wǒ men duì lián xù qǔ de liǎng jiè guān jūn

□ 북경 팀은 축구 리그전에서 선두를 달리고 있습니다.

베이 징 뚜이 스 쭈 치우 리엔 사이 더 링 토우 양.

北京队是足球联赛的领头羊。
běi jīng duì shì zú qiú lián sài de lǐng tóu yáng

□ 현재 스코어는 어떻게 됩니까?

씨엔 자이 창 상 비 펀 스 뚜오 사오?

现在场上比分是多少?
xiàn zài chǎng shàng bǐ fēn shì duō shǎo

□ 저는 농구를 잘 못합니다.

워 더 란 치우 따 더 뿌 하오.

我的篮球打得不好。
wǒ de lán qiú dǎ de bù hǎo

□ 그는 너무 빨라서 따라잡기 어렵습니다.

타 타이 콰이 러, 워 껀 뿌 상.

他太快了, 我跟不上。
tā tài kuài le wǒ gēn bù shàng

오락

☐ 축구	足球(zúqiú)	주치우
☐ 배구	排球(páiqiú)	파이치우
☐ 농구	篮球(lánqiú)	란치우
☐ 배구	棒球(bàngqiú)	빵치우
☐ 럭비	橄榄球(gǎnlǎnqiú)	깐란치우
☐ 핸드볼	手球(shǒuqiú)	소우치우
☐ 골프	高尔夫球(gāoěrfūqiú)	까오얼푸치우
☐ 볼링	保龄球(bǎolíngqiú)	바오링치우
☐ 아이스하키	冰球(bīngqiú)	빙치우
☐ 스케이팅	溜冰(liūbīng)	리우빙
☐ 스키	滑雪(huáxuě)	후아쉬에
☐ 수영	游泳(yóuyǒng)	여우용
☐ 경마	赛马(sàimǎ)	사이마
☐ 유도	柔道(róudào)	러우따오
☐ 역도	举重(jǔzhòng)	지우종
☐ 권투	拳击(quánjī)	취엔지
☐ 레슬링	摔跤(shuāiqiāo)	수아이챠오
☐ 마라톤	马拉松(mǎlāsōng)	마라송
☐ 체조	体操(tǐcāo)	티차오
☐ 사격	射击(shèjī)	서지
☐ 양궁	射箭(shèjiàn)	서지엔
☐ 테니스	网球(wǎngqiú)	왕치우
☐ 탁구	乒乓球(pīngpāngqiú)	핑팡치우
☐ 배드민턴	羽毛球(yǔmáoqiú)	여우마오치우

Part 7

전화 우편 방문

电话 邮 访问

전화를 걸 때

□ 여보세요, 저는 김용수라고 합니다.

웨이,　워 스 진 용 수이.

喂，我是金用水。
wèi　wǒ shì jīn yòng shuǐ

□ 여보세요, 저는 한국에서 온 김입니다.

웨이, 워 스 총 한 꾸오 라이 더 씽 진 더.

喂，我是从韩国来的姓金的。
wèi　wǒ shì cóng hán guó lái de xìng jīn de

□ 여보세요, 거기가 123-4567번입니까?

웨이,　나 리 스 이 얼 싼 - 스 우 리우 치 하오 마 ?

喂，那里是123-4567号吗？
wèi　nà lǐ shì　　　　　　hào má

□ 여보세요, 거기가 구내 123번입니까?

웨이,　나 리 스 이 얼 싼 펀 지 마 ?

喂，那里是123分机吗？
wèi　nà lǐ shì　　 fēn jī má

□ 여보세요, 거기가 세계무역회사입니까?

웨이,　나 리 스 베이 징 더 스 지에 마오 이 꿍 스 마 ?

喂，那里是北京的世界贸易公司吗？
wèi　nà lǐ shì běi jīng de shì jiè mào yì gōng sī má

□ 전화번호는 몇 번입니까?

디엔 후아 하오 마 스 뚜오 사오 ?

电话号码是多少？
diàn huà hào mǎ shì duō shǎo

186

□ 여보세요, 전화번호 안내는 몇 번입니까?

칭 원,　차 하오 타이 스 지 하오 ?

请问，查号台是几号？
qǐng wèn　　chá hào tái shì jǐ hào

□ 여보세요, 교환대는 몇 번입니까?

칭 원,　쟈오 후안 타이 스 지 하오 ?

请问，交换台是几号？
qǐng wèn　　jiāohuàn tái shì jǐ hào

□ 전화를 써도 되겠습니까?

워 커 이 지에 용 이 씨아 디엔 후아 마 ?

我可以借用一下电话吗？
wǒ kě yǐ jiè yòng yī xià diàn huà má

□ 전화를 빌릴 수 있습니까?

넝 뿌 넝 지에 이 씨아 디에 후아 ?

能不能借一下电话？
néng bù néng jiè yī xià diàn huà

□ 말씀 좀 묻겠는데요, 공중전화는 어디에 있습니까?

칭 원,　꽁 용 디엔 후아 짜이 나ㄹ ?

请问，共用电话在哪儿？
qǐng wèn　　gòng yòng diàn huà zài nǎ r

□ 말씀 좀 묻겠는데요, 이 부근에 공중전화가 있습니까?

칭 원,　푸 찐 여우 꽁 용 디엔 후아 ?

请问，附近有共用电话？
qǐng wèn　　fù jìn yǒu gòng yòng diàn huà

□ 이것이 공중전화입니까?

저 스 꽁 용 디엔 후아 마 ?

这是共用电话吗？
zhè shì gòng yòng diàn huà má

187

□ 전화국은 어디 있나요?

디엔 씬 지우 짜이 나ㄹ ?

电信局在哪儿?
diàn xìn jú zài nǎ r

□ 어디서 국제전화를 할 수 있나요?

짜이 나 리 넝 따 꾸오 지 디엔 후아 ?

在哪里能打国际电话?
zài nǎ lǐ néng dǎ guó jì diàn huà

□ 휴대폰 번호는 몇 번입니까?

니 더 소우 지 하오 스 뚜오 사오 ?

你的手机号是多少?
nǐ de shǒu jī hào shì duō shǎo

□ 팩스번호는 몇 번입니까?

추안 전 하오 스 뚜오 사오 ?

传真号是多少?
chuán zhēn hào shì duō shǎo

□ 여보세요, 안녕하세요. 이 선생님 부탁드립니다.

웨이, 니 하오 ! 칭 자오 이 씨아 리 라오 스.

喂, 你好! 请找一下李老师。
wèi   nǐ hǎo   qǐng zhǎo yī xià lǐ lǎo shī

□ 저에게 전화하라고 전해주세요.

랑 타 께이 워 후이 디엔 후아.

让他给我回电话。
ràng tā gěi wǒ huí diàn huà

□ 죄송해요. 잘못 걸었습니다.

워 따 추오 러,   뚜이 부 치.

我打错了, 对不起。
wǒ dǎ cuò le   duì bù qǐ

 ## 전화를 받을 때

□ 여보세요, 세계무역회사입니다.

웨이, 스 지에 마오 이 꽁스.

喂, 世界贸易公司。
wèi   shì jiè mào yì gōng sī

□ 누구를 찾으십니까?

니 자오 세이 ?

你找谁?
nǐ zhǎo shéi

□ 어느 분을 찾으십니까?

닌 자오 나 이 웨이 ?

您找哪一位?
nín zhǎo nǎ yī wèi

□ 어느 부서에 거셨습니까?

니 따 따오 나 이 뿌 먼 ?

你打到哪一部门?
nǐ dǎ dào nǎ yī bù mén

□ 그는 어느 부서에서 일합니까?

타 짜이 나 이 뿌 먼 꽁 쭈오 ?

他在哪一部门工作?
tā zài nǎ yī bù mén gōng zuò

□ 미안합니다, 다시 한번 말씀해 주십시오.

뚜이 부 치, 짜이 수오 이 삐엔.

对不起, 再说一遍。
duì bù qǐ   zài shuō yī biàn

189

□ 전화 왔어요.

라이 디엔 후아 러.

来电话了。
lái diàn huà le

□ 전화 반갑습니다.

헌 까오 씽 지에 따오 니 더 디엔 후아.

很高兴接到你的电话。
hěn gāo xīng jiē dào nǐ dè diàn huà

□ 오랫동안 전화가 없었군요

하오 지우 메이 라이 디엔 후아 러.

好久没来电话了。
hǎo jiǔ méi lái diàn huà le

□ 전화 고맙습니다.

씨에 씨에 니 더 디엔 후아.

谢谢你的电话。
xiè xiè nǐ dè diàn huà

□ 정말 전화 반갑습니다.

지에 따오 니 더 디엔 후아 전 까오 씽.

接到你的电话真高兴。
jiē dào nǐ dè diàn huà zhēn gāo xīng

□ 오랫동안 연락을 못했습니다.

하오 지우 메이 껀 니 리엔 씨 러.

好久没跟你联系了。
hǎo jiǔ méi gēn nǐ lián xì le

□ 용건이 뭐지요?

닌 여우 선 머 스 ?

您有什么事?
nín yǒu shén mè shì

□ 선생님, 저희 사장님한테 무슨 용건이 있으세요?

씨안 성, 닌 자오 워 먼 징 리 여우 허 꾸이 깐?

先生, 您找我们经理有何贵干?
xiān shēng nín zhǎo wǒ mèn jīng lǐ yǒu hé guì gān

□ 여여는 금방 나갔는데 무슨 일로 찾아요?

리 리 깡 추 취, 자오 타 여우 사 스아ㄹ.

丽丽刚出去, 找她有啥事儿。
lì lì gāng chū qù zhǎo tā yǒu shá shì r

□ 지금 다른 사람과 통화중인데, 무슨 용건이세요?

타 정 짜이 지에 치 타 디엔 후아, 닌 여우 선 머 스?

她正在接其他电话, 您有什么事?
tā zhèng zài jiē qí tā diàn huà nín yǒu shén mè shì

□ 전화가 갑자기 끊어졌습니다.

디엔 후아 투 란 뻬이 꾸아 뚜안 러.

电话突然被挂断了。
diàn huà tū rán bèi guà duàn le

□ 대충 사항들을 알게 되었으니, 며칠 후에 다시 연락할게요.

따 까이 더 스 씨앙 뚜 즈 따오 러, 꾸오 리앙 티엔 자이 껀 니 리엔 씨.

大概的事项都知道了, 过两天再跟你联系。
dà gài dè shì xiàng dū zhī dào le guò liǎng tiān zài gēn nǐ lián xì

□ 그의 집 전화는 항상 통화중인 것 같습니다.

타 지아 더 디엔 후아 라오 스 잔 씨엔.

他家的电话老是占线。
tā jiā dè diàn huà lǎo shì zhàn xiàn

□ 전화기를 잘못 놓아서 불통인가 봅니다.

디엔 후아 하오 씨앙 메이 팡 하오, 우 파 지에 통.

电话好象没放好, 无法接通。
diàn huà hǎo xiàng méi fàng hǎo wú fǎ jiē tōng

□ 전화가 잡음이 많아서 잘 들리지 않습니다.

디엔 후아 여우 짜 인, 팅 뿌 칭 추.

电话有杂音, 听不清楚。
diàn huà yǒu zá yīn   tīng bù qīng chǔ

□ 전화신호가 약해서 잡음이 많이 들립니다.

디엔 후아 씬 하오 헌 뿌 하오, 짜 인 헌 뚜오.

电话信号很不好, 杂音很多。
diàn huà xìn hào hěn bú hǎo   zá yīn hěn duō

□ 잡음이 많으니 다시 전화해보세요.

짜 인 페이 창 따, 칭 종 씬 자이 따 이 츠 바.

杂音非常大, 请重新再打一次吧。
zá yīn fēi cháng dà   qǐng zhòng xīn zài dǎ yī cì ba

□ 선생님, 실례지만 누굴 찾으십니까?

씨엔 성, 칭 원 닌 자오 세이 ?

先生, 请问您找谁?
xiān shēng   qǐng wèn nín zhǎo shéi

□ 잠시만 기다리세요.

칭 사오 덩.

请稍等。
qǐng shāo děng

□ 선생님, 누굴 찾으시는지 제가 도와드릴까요?

씨엔 성, 닌 자오 나 이 웨이 ?   쉬 야오 워 방 망 마 ?

先生, 您找哪一位? 需要我帮忙吗?
xiān shēng   nín zhǎo nǎ yī wèi   xū yào wǒ bāng máng ma

□ 그분은 손님을 접대하고 계십니다. 잠시만 기다려주세요.

타 자이 지에 따이 커 런, 칭 사오 덩.

他在接待客人, 请稍等。
tā zài jiē dài kè rén   qǐng shāo děng

□ 전화를 끊지 마세요. 금방 연결해드릴게요.

칭 씨엔 삐에 꾸아 뚜안 디엔 후아, 마 상 께이 닌 지에 상.

请先别挂断电话，马上给您接上。
qǐng xiān bié guà duàn diàn huà　　mǎ shàng gěi nín jiē shàng

□ 중요한 통화중이니 잠깐만 기다려 주시겠습니까?

워 자이 지에 헌 종 야오 더 디엔 후아, 사오 덩 이 씨아 하오 마 ?

我在接很重要的电话，稍等一下好吗?
wǒ zài jiē hěn zhòng yào de diàn huà　　shāo děng yī xià hǎo ma

전화
우편
방문

□ 전화 기다리겠습니다.

워 덩 니 디엔 후아.

我等你电话。
wǒ děng nǐ diàn huà

□ 죄송합니다. 잘못 거셨습니다.

뚜이 부 치,　닌 따 추오 러.

对不起，您打错了。
duì bù qǐ　　nín dǎ cuò le

□ 전화번호를 잘못 눌렀습니다.

워 뽀 추오 하오 마 러.

我拨错号码了。
wǒ bō cuò hào mǎ le

□ 번호를 잘못 누르신 것 같은데요. 여기는 가정집입니다.

닌 하오 씨앙 뽀 추오 하오 러, 워 저 리 스 꺼 런 지아.

您好象拨错号了，我这里是个人家。
nín hǎo xiàng bō cuò hào le　　wǒ zhè lǐ shì gè rén jiā

□ 잘못 거셨네요. 여기는 왕 선생님 집이 아닙니다.

니 뽀 추오 러,　저 뿌 스 왕 씨엔 성 지아.

你拨错了，这不是王先生家。
nǐ bō cuò le　　zhè bú shì wáng xiān shēng jiā

193

 # 국제전화를 이용할 때

**전화
우편
방문**

☐ 국제전화를 하고 싶은데요.

워 씨앙 따 꾸오 지 띠엔 후아.

我想打国际电话。
wǒ xiǎng dǎ guó jì diàn huà

☐ 교환을 부탁합니다.

칭 주안 지에 씨엔 위엔.

请转接线员。
qǐng zhuǎn jiē xiànyuán

☐ 이 전화로 국제전화를 할 수 있나요?

저 거 띠엔 후아 넝 따 꾸오 지 띠엔 후아 마?

这个电话能打国际电话吗?
zhè gè diàn huà néng dǎ guó jì diàn huà má

☐ 한국에 전화를 하고 싶은데요.

워 야오 왕 한 꾸오 따 띠엔 후아.

我要往韩国打电话。
wǒ yào wǎng hán guó dǎ diàn huà

☐ 전화 요금은 제가 지불하겠습니다.

띠엔 후아 페이 워 푸.

电话费我付。
diàn huà fèi wǒ fù

☐ 다이얼 통화를 할 수 있나요?

워 넝 따 즈 뽀 띠엔 후아 마?

我能打直拨电话吗?
wǒ néng dǎ zhí bō diàn huà má

194

□ 한국의 국가번호를 알려 주세요.

칭 까오 수 워 한 꾸오 더 꾸오 지아 하오 마?

请告诉我韩国的国家号吗?
qǐng gào sù wǒ hán guó de guó jiā hào má

□ 이 전화를 컬렉트콜로 해 주세요.

워 띠엔 후아 안 뚜이 팡 푸 더 수안.

我电话按对方付的算。
wǒ diàn huà àn duì fāng fù de suàn

□ 지명통화를 부탁합니다.

야오 거 쟈오 런 띠엔 후아.

要个叫人电话。
yào gè jiào rén diàn huà

□ 번호통화를 부탁합니다.

야오 거 쟈오 하오 띠엔 후아.

要个叫号电话。
yào gè jiào hào diàn huà

□ 알겠습니다. 전화를 끊고 기다려 주십시오.

하오 더. 칭 팡 씨아 후아 통 떵 이 씨아.

好的。请放下话筒等一下。
hǎo de   qǐng fàng xià huà tǒng děng yī xià

□ 전화요금은 얼마입니까?

띠엔 후아 페이 뚜오 사오 치엔?

电话费多少钱?
diàn huà fèi duō shǎoqián

□ 전화요금과 통화시간을 알려 주십시오.

칭 까오 수 워 띠엔 후아 페이 허 통 후아 스 지엔.

请告诉我电话费和通话时间。
qǐng gào sù wǒ diàn huà fèi hé tōng huà shí jiān

우편을 이용할 때

전화
우편
방문

☐ 어디서 우표를 살 수 있습니까?

짜이 나ㄹ 커 이 마이 여우 퍄오 ?

在哪儿可以买邮票?
zài nǎ r kě yǐ mǎi yóu piào

☐ 이 편지는 우표를 얼마짜리 붙여야 합니까?

저 펑 씬 야오 티에 뚜오 사오 치엔 여우 퍄오?

这封信要贴多少钱邮票?
zhè fēng xìn yào tiē duō shǎoqián yóu piào

☐ 엽서 7장 사겠습니다.

워 마이 치 장 밍 씬 피엔.

我买七张明信片。
wǒ mǎi qī zhāngmíng xìn piàn

☐ 항공봉함엽서 1장 주세요.

칭 께이 워 리앙 장 항 콩 여우 지엔.

请给我两张航空邮简。
qǐng gěi wǒ liǎngzhānghángkōng yóu jiǎn

☐ 어떤 편지를 부치시겠습니까?

니 야오 지 선 머 씬?

你要寄什么信?
nǐ yào jì shén mè xìn

☐ 이 편지를 부치고 싶은데요.

워 야오 지 저 펑 신.

我要寄这封信。
wǒ yào jì zhè fēng xìn

□ 한국으로 편지를 부치고 싶은데요.

워 씨앙 지 펑 씬 따오 한 꾸오.

我想寄封信到韩国。
wǒ xiǎng jì fēng xìn dào hán guó

□ 이 편지를 항공우편으로 보내 주세요.

저 펑 씽 용 항 콩 지.

这封信用航空寄。
zhè fēng xìn yòng háng kōng jì

□ 항공우편으로 부탁합니다. 목적지까지 며칠 걸립니까?

워 야오 지 항 콩 씬, 지 티엔 넝 따오 무 디 띠 ?

我要寄航空信, 几天能到目的地?
wǒ yào jì háng kōng xìn   jǐ tiān néng dào mù dì dì

□ 1주일 정도 걸립니다.

수 야오 이 꺼 씽 치 쭈오 여우.

需要一个星期左右。
xū yào yī gè xīng qī zuǒ yòu

□ 이것을 속달로 보내 주세요.

저 거 용 콰이 디 지 추 취.

这个用快递寄出去。
zhè gè yòng kuài dì jì chū qù

□ 아가씨, 빠른우편으로 보내려고 하는데요.

쌰오 지에, 워 야오 지 콰이 지엔.

小姐, 我要寄快件。
xiǎo jiě   wǒ yào jì kuài jiàn

□ 항공우편으로 하실 거예요, 아니면 일반편지로 하실 거예요?

닌 야오 지 항 콩 씬, 하이 스 핑 씬 ?

您要寄航空信, 还是平信?
nín yào jì háng kōng xìn   hái shì píng xìn

□ 소포를 부치고 싶은데요.

워 야오 지 빠오 꾸오.

我要寄包裹。
wǒ yào jì bāo guǒ

□ 이 소포를 한국으로 보내려는데, 요금이 얼마입니까?

저 거 빠오 꾸오 지 따오 한 꾸오, 여우 페이 뚜오 사오 치엔 ?

这个包裹寄到韩国， 邮费多少钱?
zhè gè bāo guǒ jì dào hán guó   yóu fèi duō shǎo qián

□ 먼저 박스로 포장해주세요.

닌 씨엔 용 빠오 주앙 씨앙 빠오 주앙 하오.

您先用包装箱包装好。
nín xiān yòng bāo zhuāng xiāng bāo zhuāng hǎo

□ 박스 하나에 얼마예요?

빠오 주앙 씨앙 이 거 뚜오 사오 치엔 ?

包装箱一个多少钱?
bāo zhuāng xiāng yī gè duō shǎo qián

□ 한국으로 우편환을 보내고 싶습니다.

워 씨앙 여우 후이 따오 한 꾸오.

我想邮汇到韩国。
wǒ xiǎng yóu huì dào hán guó

□ 이 서류를 팩스로 보내 주세요.

칭 빠 저 원 지엔 용 추안 전 파 추 취.

请把这文件用传真发出去。
qǐng bǎ zhè wén jiàn yòng chuán zhēn fā chū qù

□ 어디서 팩스를 빌려 쓸 수 있나요?

짜이 나ㄹ 커 이 지에 용 추안 전 ?

在哪儿可以借用传真?
zài nǎ r kě yǐ jiè yòng chuán zhēn

은행을 이용할 때

□ 말씀 좀 묻겠는데요, 근처에 은행이 있나요?

칭 원, 푸 찐 여우 인 항 ?

请问，附近有银行?
qǐng wèn　　fù jìn yǒu yín háng

□ 여보세요, 환전은 어디서 합니까?

칭 원, 짜이 나 리 후안 치엔 ?

请问，在哪里换钱?
qǐng wèn　　zài nǎ lǐ huànqián

□ 환전창구는 어디입니까?

뚜이 후안 추앙 커우 짜이 나ㄹ ?

兑换窗口在哪儿?
duì huàn chuāng kǒu zài nǎ　r

□ 여기서 환전할 수 있나요?

저 리 커 이 후안 치엔 마 ?

这里可以换钱吗?
zhè lǐ kě yǐ huànqián má

□ 한국돈을 인민폐로 바꾸고 싶은데요.

워 씨앙 바 한 삐 후안 청 런 민 삐.

我想把韩币换成人民币。
wǒ xiǎng bǎ hán bì huànchéng rén mǐn bì

□ 이 돈을 달러로 바꾸고 싶습니다.

칭 빠 저 치엔 후안 청 메이 위엔.

请把这钱换成美元。
qǐng bǎ zhè qián huànchéng měi yuán

199

□ 오늘의 환율은 얼마입니까?

진 티엔 더 파이 지아 스 뚜오 사오 ?

今天的牌价是多少?
jīn tiān de pái jià shì duō shǎo

□ 1달러는 중국돈으로 얼마입니까?

이 메이 위엔 스 뚜오 사오 런 민 삐 ?

一美元是多少人民币?
yī měi yuán shì duō shǎo rén mín bì

□ 인민뻬 1위엔은 한국돈 얼마인가요?

이 런 민 삐 스 뚜오 사오 한 삐 ?

一人民币是多少韩币?
yī rén mín bì shì duō shǎo hán bì

□ 잔돈으로 좀 바꾸고 싶습니다.

워 씨앙 후안 띠엔 링 치엔.

我想换点零钱。
wǒ xiǎng huàn diǎn líng qián

□ 이것을 잔돈으로 바꾸고 싶습니다.

칭 께이 워 포 카이 저 거.

请给我破开这个。
qǐng gěi wǒ pò kāi zhè gè

□ 동전으로 바꿔 주세요.

칭 께이 워 후안 잉 삐.

请给我换硬币。
qǐng gěi wǒ huàn yìng bì

□ 이 여행자수표를 현금으로 바꾸고 싶은데요.

워 씨앙 빠 저 뤼 씽 즈 퍄오 후안 청 씨엔 진.

我想把这旅行支票换成现金。
wǒ xiǎng bǎ zhè lǚ xíng zhī piào huàn chéng xiàn jīn

200

□ 계좌를 만들고 싶습니다.

워 야오 카이 후 토우.

我要开户头。
wǒ yào kāi hù tóu

□ 집에 송금하려고 합니다.

워 야오 왕 지아 리 여우 치엔.

我要往家里邮钱。
wǒ yào wǎng jiā lǐ yóu qián

□ 제일 빠른 송금 방법은 무엇인가요?

쭈이 콰이 더 후이 쿠안 팡 스 스 선 머 ?

最快的汇款方式是什么?
zuì kuài de huì kuǎn fāng shì shì shén me

□ 나는 지사로 송금하러 은행에 갑니다.

워 취 인 항 께이 펀 꽁 시 후이 쿠안.

我去银行给分公司汇款。
wǒ qù yín háng gěi fēn gōng sī huì kuǎn

□ 전신환을 이용하니 매우 편리합니다.

용 디엔 후이, 이에 헌 팡 삐엔.

用电汇, 也很方便。
yòng diàn huì   yě hěn fāng biàn

□ 집의 부모님들께 송금하고 싶습니다.

워 야오 께이 지아 리 더 푸 무 후이 쿠안.

我要给家里的父母汇款。
wǒ yào gěi jiā lǐ de fù mǔ huì kuǎn

□ 송금 수수료는 얼마입니까?

여우 페이 뚜오 사오 치엔 ?

邮费多少钱?
yóu fèi duo shāo qián

□ 전화	电话(diànhuà)	띠엔후아
□ 공중전화	公用电话(gōngyòngdiànhuà)	공용띠엔후아
□ 국제전화	国际电话(guójìdiànhuà)	꾸오지띠엔후아
□ 휴대전화	手机(shǒujī)	소우지
□ 팩스	传真(chuánzhēn)	추안전
□ 전화번호	电话号(diànhuàhào)	띠엔후아하오
□ 여보세요	喂(wèi)	웨이
□ 교환대	交换台(jiāohuàntái)	쟈오후안타이
□ 잡음	杂音(záyīn)	자인
□ 전화요금	电话费(diànhuàfèi)	띠엔후아페이
□ 우체국	邮局(yóujú)	여우지우
□ 우표	邮票(yóupiào)	여우퍄오
□ 우편요금	邮资(yóuzī)	여우즈
□ 편지	封信(fēngxìn)	펑씬
□ 엽서	明信片(míngxìnpiàn)	밍씬피엔
□ 항공우편	航空信(hángkōngxìn)	항콩씬
□ 소포	包裹(bāoguǒ)	빠오꾸오
□ 은행	银行(yínhàng)	인항
□ 환전	换钱(huànqián)	후안치엔
□ 달러	美元(měiyuán)	메이위엔
□ 인민폐	人民币(rénmínbì)	런민삐
□ 한화	韩币(hánbì)	한삐
□ 여행자수표	旅行支票(lǚxíngzhīpiào)	뤼씽즈퍄오
□ 현금	现金(xiànjīn)	씨엔진

초대 · 방문할 때

☐ 괜찮으시다면, 방문하고 싶습니다.

야오 스 닌 뿌 아이 스,　워 씨앙 빠이 팡 닌.

要是您不碍事，我想拜访您。
yào shì nín bù ài shì　wǒ xiǎng bài fǎng nín

☐ 언제 방문하면 좋겠습니까?

선 머 스 허우 빠이 팡 닌 하오 너?

什么时候拜访您好呢?
shén me shí hòu bài fǎng nín hǎo ne

☐ 몇 시에 만날까요?

지 띠엔 워 먼 지엔 미엔?

几点我们见面?
jǐ diǎn wǒ men jiànmiàn

☐ 좋으신 시간에 오십시오.

니 칸 지 띠엔 하오 지우 지 띠엔 라이 바.

你看几点好就几点来吧。
nǐ kàn jǐ diǎn hǎo jiù jǐ diǎn lái bā

☐ 저녁식사를 대접하려는데 괜찮겠습니까?

워 커 이 칭 니 츠 완 판 마?

我可以请你吃晚饭吗?
wǒ kě yǐ qǐng nǐ chī wǎn fàn mà

☐ 함께 저녁식사를 합시다.

이 치 츠 완 판 바.

一起吃晚饭吧。
yī qǐ chī wǎn fàn bā

203

□ 내일 저희 집에 놀러 오십시오

밍 티엔 칭 따오 워 지아 라이 와ㄹ 바.

明天请到我家来玩儿吧。
míng tiān qǐng dào wǒ jiā lái wán r bā

□ 저희 집에 잠깐 들르세요

따오 워 지아 쭈오 후아ㄹ 바.

到我家坐会儿吧。
dào wǒ jiā zuò huì r bā

□ 내일 저녁식사를 대접하고 싶습니다.

워 씨앙 밍 티엔 칭 니 츠 완 판.

我想明天请你吃晚饭。
wǒ xiǎng míng tiān qǐng nǐ chī wǎn fàn

□ 점심을 대접하고 싶습니다.

워 씨앙 칭 니 츠 우 판.

我想请你吃午饭。
wǒ xiǎng qǐng nǐ chī wǔ fàn

□ 술을 대접하고 싶습니다.

워 씨앙 칭 니 허 지우.

我想请你喝酒。
wǒ xiǎng qǐng nǐ hē jiǔ

□ 오늘은 제가 한턱내겠습니다.

진 티엔 워 칭 커.

今天我请客。
jīn tiān wǒ qǐng kè

□ 6시에 마중을 나가겠습니다.

리우 디엔 종 워 취 지에 니.

六点钟我去接你。
liù diǎn zhōng wǒ qù jiē nǐ

□ 차로 모시러 가겠습니다.

워 카이 처 취 지에 니.

我开车去接你。
wǒ kāi chē qù jiē nǐ

□ 좋습니다. 꼭 가겠습니다.

하오, 워 이 띵 취.

好, 我一定去。
hǎo wǒ yī dìng qù

□ 기꺼이 방문하겠습니다.

워 러 이 빠이 팡 닌.

我乐意拜访您。
wǒ lè yì bài fǎng nín

□ 여러분 먼저 시작하세요. 곧 갑니다.

니 먼 씨엔 카이 스 바, 워 저 지우 라이.

你们先开始吧, 我这就来。
nǐ mèn xiān kāi shǐ bā wǒ zhè jiù lái

□ 죄송합니다만, 다른 약속이 있습니다.

빠오 치엔, 워 여우 비에 더 위에 후이.

抱歉, 我有别的约会。
bào qiàn wǒ yǒu bié dè yuē huì

□ 감사하지만, 됐습니다.

씨에 씨에, 워 칸 미엔 러 바.

谢谢, 我看免了吧。
xiè xiè wǒ kàn miǎn le bā

□ 몸이 안 좋습니다.

워 뿌 수 푸.

我不舒服。
wǒ bù shū fú

□ 오늘은 너무 바쁩니다.

진 티엔 워 타이 망 러.

今天我太忙了。
jīn tiān wǒ tài máng le

□ 편히 하세요.

수이 삐엔 이 디엔.

随便一点。
suí biàn yī diǎn

□ 편하게 제집처럼 여기세요.

삐에 커 치, 니 지우 땅 스 쯔 지 더 지아.

别客气, 你就当是自己的家。
bié kè qì   nǐ jiù dāng shì zì jǐ de jiā

□ 편히 하세요. 격식을 차릴 필요가 없습니다.

칭 수이 삐엔 디엔, 니 치엔 완 뿌 야오 커 치.

请随便点, 你千万不要客气。
qǐng suí biàn diǎn   nǐ qiān wàn bù yào kè qì

□ 초대해주셔서 고맙습니다.

씨에 씨에 니 더 자오 따이.

谢谢你的招待。
xiè xiè nǐ de zhāo dài

□ 초대를 해주셔서 영광입니다.

헌 롱 씽 넝 꾸오 지에 소우 니 더 야오 칭.

很荣幸能够接受你的邀请。
hěn róng xìng néng gòu jiē shòu nǐ de yāo qǐng

□ 와주셔 감사합니다.

씨에 씨에 니 더 꾸앙 린.

谢谢你的光临。
xiè xiè nǐ de guāng lín

□ 차 드세요.

칭 허 차.

请喝茶。
qǐng hē chá

□ 물 드세요.

칭 허 뻬이 수이.

请喝杯水。
qǐng hē bēi shuǐ

□ 뭘 드시겠어요?

닌 야오 허 디아ㄹ 선 머 ?

您要喝点儿什么?
nín yào hē diǎn r shén mè

□ 커피 한 잔 끓여드릴게요.

워 께이 닌 주 뻬이 카 페이 바.

我给您煮杯咖啡吧。
wǒ gěi nín zhǔ bēi kā fēi ba

□ 녹차 한 잔 하시겠어요?

야오 뿌 야오 라이 이 뻬이 리우 차 ?

要不要来一杯绿茶?
yào bú yào lái yì bēi lǜ chá

□ 아이고, 벌써 10시가 돼가네요. 집에 돌아가야겠습니다.

아이 야,   뚜 콰이 스 디엔 러 !   워 까이 후이 지아 러.

哎呀，都快十点了！我该回家了。
āi yā   dū kuài shí diǎn le   wǒ gāi huí jiā le

□ 좀더 계시다 가세요.

짜이 뚜오 쭈오 이 후아ㄹ 바 !

再多坐一会儿吧!
zài duō zuò yī huì er ba

□ 아닙니다. 당신도 쉬어야죠.

뿌 러,   니 이에 까이 씨우 씨 러.

不了，你也该休息了。
bù le   nǐ yě gāi xiū xī le

□ 그럼, 더 이상 붙들지 않겠습니다.

나 워 지우 뿌 짜이 완 리우 니 러.

那我就不在挽留你了。
nà wǒ jiù bù zài wǎn liú nǐ le

□ 늦었는데, 이만 가봐야겠습니다.

스 지엔 뿌 짜오 러, 워 더 까오 츠 러.

时间不早了，我得告辞了。
shí jiān bù zǎo le   wǒ dě gào cí le

□ 아직 이른데, 저녁식사를 하고 가세요.

스 지엔 하이 짜오 너, 츠 완 판 짜이 쪼우 바.

时间还早呢，吃晚饭再走吧。
shí jiān hái zǎo ne   chī wǎn fàn zài zǒu ba

□ 융숭한 대접에 감사드립니다.

씨에 씨에 니 더 성 칭 쿠안 따이.

谢谢你的盛情款待。
xiè xiè   nǐ dè shèng qíng kuǎn dài

□ 어떻게 감사드려야 할 지 모르겠습니다.

워 용 처 송 니 바.

我用车送你吧。
wǒ yòng chē sòng nǐ bā

□ 살펴 가세요. 시간이 있으면 또 놀러 오세요.

닌 쪼우 하오, 여우 스 지엔 짜이 라이 와ㄹ 아.

您走好，有时间再来玩儿啊。
nín zǒu hǎo   yǒu shí jiān zài lái wán r   ā

208

Part

8

쇼핑

购物

 # 쇼핑 안내를 받을 때

□ 쇼핑하러 가고 싶은데요.

워 씨앙 취 꺼우 우.

我想去购物。
wǒ xiǎng qù gòu wù

□ 괜찮은 쇼핑몰을 소개해 주십시오.

칭 께이 워 지에 사오 이 거 하오 더 꺼오 우 창 수오.

请给我介绍一个好的购物场所。
qǐng gěi wǒ jiè shào yī gè hǎo dè gòu wù chǎng suǒ

□ 이 도시의 쇼핑가는 어디에 있습니까?

저 거 청 스 리 더 상 띠엔 지에 짜이 나ㄹ?

这个城市里的商店街在哪儿?
zhè gè chéng shì lǐ dè shāngdiàn jiē zài nǎ r

□ 가장 큰 백화점은 어디에 있습니까?

쭈이 따 더 빠이 후오 상 띠엔?

最大的百货商店?
zuì dà dè bǎi huò shāngdiàn

□ 이 부근에 백화점에 있나요?

저 푸 찐 여우 메이 여우 빠이 후오 상 띠엔?

这附近有没有百货商店?
zhè fù jìn yǒu méi yǒu bǎi huò shāngdiàn

□ 이곳의 상업지구는 어디에 있습니까?

저ㄹ 더 상 이에 취 짜이 나ㄹ?

这儿的商业区在哪儿?
zhè r dè shāng yè qū zài nǎ r

□ 싼 물건은 어디서 구입할 수 있나요?

짜이 나ㄹ 넝 마이 따오 지아 꺼 삐엔 이 더 상 핀.

在哪儿能买到价格便宜的商品。
zài nǎ r néng mǎi dào jià gé biàn yí dè shāng pǐn

□ 24시간 영업하는 상점이 있습니까?

여우 메이 여우 얼스스 샤오 스 잉 이에 더 상 띠엔 ?

有没有24小时营业的商店?
yǒu méi yǒu   xiǎo shí yīng yè dè shāngdiàn

□ 이곳의 상점은 몇 시에 문을 닫습니까?

저ㄹ 더 상 띠엔 지 띠엔 꾸안 먼 ?

这儿的商店几点关门?
zhè r dè shāngdiàn jǐ diǎnguān mén

□ 이곳의 특산품은 무엇입니까?

저 리 더 터 찬 스 선 머 ?

这里的特产是什么?
zhè lǐ dè tè chǎn shì shén mè

□ 이 부근에 슈퍼가 있습니까?

저 푸 찐 여우 차오 스 마 ?

这附近有超市吗?
zhè fù jìn yǒu chāo shì má

□ 여기서 멉니까?

리 저ㄹ 위엔 마 ?

离这儿远吗?
lí zhè r yuǎn má

□ 가는 길을 알려 주십시오

칭 까오 수 워 쩐 머 조우 하오 ?

请告诉我怎么走好?
qǐng gào sù wǒ zěn mè zǒu hǎo

□ 필름을 파는 가게는 있습니까?

여우 메이 여우 마이 쟈오 주엔 더 상 띠엔 ?

有没有卖胶卷的商店?
yǒu méi yǒu mài jiāojuǎn de shāngdiàn

□ 그건 어디서 살 수 있나요?

짜이 선 머 디 팡 커 이 마이 따오 너 ?

在什么地方可以买到呢?
zài shén me dì fāng kě yǐ mǎi dào ne

□ 면세점은 있습니까?

여우 메이 여우 미엔 수이 상 띠엔 ?

有没有免税商店?
yǒu méi yǒu miǎnshuì shāngdiàn

□ 어서 오십시오!

후안 잉 꾸앙 린 !

欢迎光临!
huānyíng guāng lín

□ 다음에 또 오세요!

후안 잉 짜이 라이 !

欢迎再来!
huānyíng zài lái

□ 다음에 저희의 점포로 또 오십시오

칭 씨아 츠 짜이 라이 꾸앙 구 워 디엔.

请下次再来光顾我店!
qǐng xià cì zài lái guāng gù wǒ diàn

□ 또 오십시오!

칭 닌 짜이 라이 !

请您再来!
qǐng nín zài lái

물건을 고를 때

□ 무엇을 찾으십니까?

닌 씨앙 마이 디엔 선 머 ?

您想买点什么?
nín xiǎng mǎi diǎn shén me

□ 그저 구경을 하고 있습니다.

뿌 마이 선 머,　즈 스 칸 칸.

不买什么，只是看看。
bù mǎi shén me　zhǐ shì kàn kàn

□ 이것을 한번 보시겠습니까?

워 즈 스 수이 삐엔 칸 칸.

我只是随便看看。
wǒ zhǐ shì suí biàn kàn kàn

□ 신발을 사려고 합니다.

워 씨앙 마이 이 수앙 씨에.

我想买一双鞋。
wǒ xiǎng mǎi yì shuāng xié

□ 뭘 사시겠습니까?

닌 야오 마이 디엔 선 머 ?

您要买点什么?
nín yào mǎi diǎn shén me

□ 뭘 도와드릴까요?

쑤 야오 빵 망 마 ?

需要帮忙吗?
xū yào bāng máng ma

213

□ 어떤 것을 원하십니까?

닌 씨앙 야오 나 거?

您想要哪个?
nín xiǎng yào nǎ gè

□ 다른 것은 없습니까?

하이 여우 메이 여우 삐에 더?

还有没有别的?
hái yǒu méi yǒu bié de

□ 이것으로 하겠습니다.

워 야오 저 거.

我要这个。
wǒ yào zhè gè

□ 어떤 것을 사실 건지 생각해두셨어요?

닌 씨앙 하오 야오 마이 나 거 러 마?

您想好要买哪个了吗?
nín xiǎng hǎo yào mǎi nǎ gè le mà

□ 어떤 것을 사시겠습니까?

닌 쥐에 딩 마이 나 거 야?

您决定买哪个呀?
nín jué dìng mǎi nǎ gè yā

□ 어떤 것을 사실 것인지 결정하셨습니까?

닌 야오 마이 나 거, 쥐에 딩 러 마?

您要买哪个，决定了吗?
nín yào mǎi nǎ gè   jué dìng le ma

□ 만져 봐도 됩니까?

모 모 칸 커 이 마?

摸摸看可以吗?
mō mō kàn kě yǐ mà

□ 다른 디자인은 없습니까?

하이 여우 메이 여우 삐에 더 쿠안 스?

还有没有别的款式?
hái yǒu méi yǒu bié de kuǎn shì

□ 좀 싼 것은 없습니까?

여우 삐엔 이 이 띠엔 더 마?

有便宜一点的吗?
yǒu bián yí yì diǎn de má

□ 이것은 무슨 상표입니까?

저 스 선 머 파이 즈 더?

这是什么牌子的?
zhè shì shén me pái zǐ de

□ 이것은 진짜 맞습니까?

저 스 뿌 스 전 더?

这是不是真的?
zhè shì bù shì zhēn de

□ 어느 나라의 상품입니까?

저 스 나 거 꾸오 지아 더 상 핀?

这是哪个国家的商品?
zhè shì nǎ gè guó jiā de shàng pǐn

□ 어떤 것이 좋아요?

닌 쥐에 더 나 거 하오?

您觉得哪个好?
nín jué de nǎ gè hǎo

□ 어떤 것을 사실건지 결정하셨어요?

닌 야오 마이 나 거, 쥐에 딩 러 마?

您要买哪个，决定了吗?
nín yào mǎi nǎ gè   jué dìng le ma

□ 좀 싸게 주실 수 없어요?

지아 치엔 넝 뿌 넝 삐엔 이 디엔 ?

价钱能不能便宜点?
jià qián néng bù néng biàn yí diǎn

□ 조금만 더 싸면 제가 사겠습니다.

짜이 삐엔 이 디아ㄹ 워 지우 마이 러.

再便宜点儿我就买了。
zài biàn yí diǎn r wǒ jiù mǎi le

□ 좀 깎을 수 없나요?

커 이 삐엔 이 디아ㄹ 마 ?

可以便宜点儿吗?
kě yǐ biàn yí diǎn r ma

□ 조금만 더 싸게 해주세요

짜이 랑 이 디아ㄹ 지아 치엔 바.

再让一点儿价钱吧。
zài ràng yī diǎn r jià qián ba

□ 할인이 가능한가요?

커 이 따 저 마 ?

可以打折吗?
kě yǐ dǎ zhé ma

□ 가격이 좀 비싸네요 좀 싸게 할 수 없어요?

지아 거 여우 디엔 꾸이, 넝 뿌 넝 삐엔 이 디엔 ?

价格有点贵， 能不能便宜点?
jià gé yǒu diǎn guì   néng bù néng biàn yí diǎn

□ 그럼 값을 좀 깎아드릴게요.

나 워 께이 닌 따 디엔 저r 바.

那我给您打点折儿吧。
nà wǒ gěi nín dǎ diǎn zhé r ba

□ 조금만 더 싸게 할 수 없어요?

뿌 넝 짜이 피엔 이 디엔 마 ?

不能再便宜点吗?
bù néng zài pián yí diǎn má

□ 이것은 이미 할인된 가격입니다.

저 이 징 스 여우 후이 지아 러.

这已经是优惠价了。
zhè yǐ jīng shì yōu huì jià le

□ 가격이 좀 비싼 것 같습니다.

워 쥐에 더 지아 거 여우 디엔 까오.

我觉得价格有点高。
wǒ jué de jià gé yǒu diǎn gāo

□ 최대한 깎아드리겠습니다.

진 리앙 께이 니 여우 후이 바.

尽量给你优惠吧。
jìn liáng gěi nǐ yōu huì bā

□ 가격이 비싸긴 하지만, 아주 만족스럽습니다.

지아 꺼 스 꾸이 디엔, 딴 헌 만 이.

价格是贵点，但很满意。
jià gé shì guì diǎn   dàn hěn mǎn yì

□ 우리는 더 이상 싸게 할 수 없어요

워 먼 뿌 넝 짜이 여우 후이 러.

我们不能再优惠了。
wǒ mèn bù néng zài yōu huì le

□ 좀 더 싸게 안 되겠어요?

넝 뿌 넝 짜이 피엔 이 디엔?

能不能再便宜点?
néng bù néng zài pián yí diǎn

□ 할인은 안 됩니까?

넝 뿌 넝 따 저?

能不能打折?
néng bù néng dǎ zhé

□ 최고 몇 퍼센트 할인이 가능한가요?

쭈이 뚜오 커 이 따 지 저?

最多可以打几折?
zuì duō kě yǐ dǎ jǐ zhé

□ 일부 상품은 반값에 판매합니다.

빤 지아 추 소우 뿌 펀 상 핀.

半价出售部分商品。
bàn jià chū shòu bù fēn shāng pǐn

□ 우리 점포의 의류는 전부 할인해서 판매합니다.

워 디엔 더 푸 주앙 취엔 부 지엔 지아 추 소우.

我店的服装全部减价出售。
wǒ diàn de fú zhuāng quán bù jiǎn jià chū shòu

□ 여기는 정찰제입니다.

저 리 뿌 지앙 지아.

这里不讲价。
zhè lǐ bù jiǎng jià

□ 여기는 모두 정찰제입니다.

저 리 더 지아 거 또우 스 밍 마 빠오 지아.

这里的价格都是明码标价。
zhè lǐ de jià gé dōu shì míng mǎ biāo jià

 # 물건값을 계산할 때

☐ 카운터는 어디에 있습니까?

소우 쿠안 타이 짜이 나ㄹ ?

收款台在哪儿?
shōukuǎn tái zài nǎ r

☐ 어디서 계산합니까?

짜이 나ㄹ 푸 치엔.

在哪儿付钱?
zài nǎ r fù qián

☐ 여기서 계산합니까?

짜이 저ㄹ 푸 치엔 마 ?

在这儿付钱吗?
zài zhè r fù qián ma

☐ 얼마입니까?

뚜오 사오 치엔 ?

多少钱?
duō shǎoqián

☐ 모두 얼마입니까?

이 꽁 뚜오 사오 치엔 ?

一共多少钱?
yī gòng duō shǎoqián

☐ 여기서는 얼마에 팝니까?

짜이 저ㄹ 마이 뚜오 사오 치엔 ?

在这儿卖多少钱?
zài zhè r mài duō shǎoqián

□ 가격은 얼마입니까?

지아 치엔 스 뚜오 사오 ?

价钱是多少?
jià qián shì duō shǎo

□ 얼마를 내야 합니까?

워 더 쟈오 뚜오 사오 치엔 ?

我得交多少钱?
wǒ de jiāo duō shǎo qián

□ 이 집은 얼마에 팔 수 있습니까?

저 팡 즈 넝 마이 뚜오 사오 치엔 ?

这房子能卖多少钱?
zhè fáng zǐ néng mài duō shǎo qián

□ 이 과자는 어떻게 팔아요?

저 종 삥 깐 쩐 머 마이 ?

这种饼干怎么卖?
zhè zhǒng bǐng gān zěn me mài

□ 선불입니다.

칭 씨엔 푸 치엔.

请先付钱。
qǐng xiān fù qián

□ 거스름돈 받으세요.

자오 닌 치엔.

找您钱。
zhǎo nín qián

□ 50원 받겠습니다. 20원 거슬러 드리겠습니다.

소우 닌 우수 콰이, 자오 닌 얼스 콰이.

收您50块，找您20块。
shōu nín   kuài   zhǎo nín   kuài

☐ 한번 세어보세요. 맞는 지를 확인해보세요.

칭 닌 디엔 이 디엔, 칸 칸 수 무 뚜이 뿌 뚜이.

请您点一点，看看数目对不对。
qǐng nín diǎn yì diǎn　kàn kàn shù mù duì bú duì

☐ 이것은 거스름돈입니다.

저 스 자오 닌 더 링 치엔.

这是找您的零钱。
zhè shì zhǎo nín dè líng qián

☐ 신용카드로 계산해도 됩니까?

커 이 용 씬 용 카 푸 치엔 마 ?

可以用信用卡付钱吗？
kě yǐ yòng xìn yòng kǎ　fù qián ma

☐ 수표로 지불해도 됩니까?

용 즈 파오 푸 쿠안 커 이 마 ?

用支票付款可以吗？
yòng zhī piào fù kuǎn kě yǐ ma

☐ 우리는 현금만 받습니다.

워 먼 즈 소우 씨엔 진.

我们只收现金。
wǒ mén zhǐ shōu xiàn jīn

☐ 여행자수표도 받습니까?

커 이 용 뤼 씽 저 즈 파오 마 ?

可以用旅行者支票吗？
kě yǐ yòng lǚ xíng zhě zhī piào má

☐ 영수증을 떼 주세요.

칭 카이 이 장 파 파오.

请开一张发票。
qǐng kāi yī zhāng fā piào

 # 포장·배달을 부탁할 때

쇼핑

☐ 따로따로 포장해 주세요.

칭 펀 카이 빠오 주앙.

请分开包装。
qǐng fēn kāi bāo zhuāng

☐ 함께 포장해 주세요.

이 치 빠오 바.

一起包吧。
yī qǐ bāo bā

☐ 포장하지 않으셔도 됩니다.

뿌 융 빠오 바.

不用包吧。
bù yòng bāo bā

☐ 큰 쇼핑백 하나 주세요.

칭 께이 워 이 거 따 꺼우 우 따이.

请给我一个大购物袋。
qǐng gěi wǒ yī gè dà gòu wù dài

☐ 선물용으로 포장해 주세요.

칭 안 리 핀 빠오 주앙, 하오 마?

请按礼品包装, 好吗?
qǐng àn lǐ pǐn bāo zhuāng hǎo má

☐ 봉지에 넣어 주실래요?

칭 께이 주앙 짜이 따이 즈 리, 하오 마?

请给装在袋子里, 好吗?
qǐng gěi zhuāng zài dài zǐ lǐ hǎo má

□ 좀 예쁘게 싸 주세요.

칭 빠오 더 퍄오 리앙 이 띠엔.

请包得漂亮一点。
qǐng bāo dé piàoliàng yī diǎn

□ 배달해 줍니까?

니 먼 꾸안 송 마?

你们管送吗?
nǐ men guǎn sòng má

□ 따로 배달료는 있나요?

링 와이 여우 펀 송 페이 마?

另外有分送费吗?
lìng wài yǒu fēn sòng fèi má

□ 배달료는 얼마입니까?

펀 송 페이 스 뚜오 사오?

分送费是多少?
fēn sòng fèi shì duō shǎo

□ 호텔까지 배달해 주실 수 있나요?

넝 송 따오 판 띠엔 취 마?

能送到饭店去吗?
néng sòng dào fàn diàn qù má

□ 이것을 한국으로 부쳐 주시겠어요?

칭 빠 저 거 지 따오 한 꾸오, 하오 마?

请把这个寄到韩国，好吗?
qǐng bǎ zhè gè jì dào hán guó   hǎo má

□ 이것을 보관해 주시겠어요?

칭 빠오 꾸안 이 씨아 저 거, 하오 마?

请保管一下这个，好吗?
qǐng bǎo guǎn yī xià zhè gè   hǎo má

물건에 대한 클레임

☐ 이것을 교환하고 싶은데요

워 씨앙 후안 이 씨아 저 거.

我想换一下这个。
wǒ xiǎng huàn yī xià zhè gè

☐ 다른 걸로 바꿔주실 수 있어요?

넝 께이 워 후안 링 이 지엔 마 ?

能给我换另一件吗?
néng gěi wǒ huàn lìng yī jiàn ma

☐ 견본과 다릅니다.

허 양 핀 뿌 이 양.

和样品不一样。
hé yàng pǐn bù yī yàng

☐ 이 옷에는 흠집이 있는데, 다른 것으로 바꿔주세요.

저 지엔 이 푸 여우 마오 빙, 칭 께이 워 후안 이 지엔.

这件衣服有毛病，请给我换一件。
zhè jiàn yī fú yǒu máo bìng   qǐng gěi wǒ huàn yí jiàn

☐ 품질에 대해 만족하지 못하겠는데, 바꿔주시겠어요?

즈 리앙 뿌 타이 만 이, 칭 께이 워 후안 이 씨아.

质量不太满意，请给我换一下。
zhì liáng bù tài mǎn yì   qǐng gěi wǒ huàn yī xià

☐ 품질에 문제가 있습니다.

즈 리앙 상 여우 원 티.

质量上有问题。
zhì liáng shàng yǒu wèn tí

224

□ 품질이 안 좋은데 바꿔주세요.

즈 리앙 디 리에, 칭 께이 워 껑 후안.

质量低劣，请给我更换。
zhì liáng dī liè　　qǐng gěi wǒ gēng huàn

□ 어디에 문제가 있는지 알려주시겠어요?

넝 까오 수 워 나ㄹ 여우 마오 삥 마?

能告诉我哪儿有毛病吗?
néng gào sù wǒ nǎ　r yǒu máo bìng ma

□ 정말 미안합니다. 제가 바로 바꿔드릴게요.

전 뚜이 뿌 치, 워 마 상 께이 닌 후안 이 지엔.

真对不起，我马上给您换一件。
zhēn duì bù qǐ　　wǒ mǎ shàng gěi nín huàn yī jiàn

□ 이것을 반품할 수 있나요?

저 거 커 이 투이 마?

这个可以退吗?
zhè gè kě yǐ tuì má

□ 이것을 환불할 수 있나요?

저 거 넝 투이 치엔 후안 마?

这个能退钱换吗?
zhè gè néng tuì qián huàn má

□ 여기 영수증이 있습니다.

저ㄹ 여우 소우 쥐.

这儿有收据。
zhè　r yǒu shōu jù

□ 나는 이것이 필요 없으니, 돈을 돌려주세요.

워 뿌 야오 저 거, 니 투이 치엔 바?

我不要这个，你退钱吧?
wǒ bù yào zhè gè　　nǐ tuì qián bā

쇼핑

□ 얼마	多少钱(duōshǎoqián)	뚜오사오치엔
□ 가격	价格(jiàgé)	지아거
□ 정가	定价(dìngjià)	띵지아
□ 가격표	价目单(jiàmùdān)	지아무딴
□ 비싸다	贵(guì)	꾸이
□ 싸다	便宜(biànyí)	삐엔이
□ 대금	代价(dàijià)	따이지아
□ ~장	~张(zhāng)	~장
□ ~개	~个(gè)	~거
□ ~책	~本(běn)	~번
□ ~족	~双(shuāng)	~수앙
□ ~타스	~打(dǎ)	~따
□ 사다	买(mǎi)	마이
□ 팔다	卖(mài)	마이
□ 물건을 사다	买东西(mǎidōngxī)	마이똥시
□ 백화점	百货商店(bǎihuòshāngdiàn)	빠이후오상띠엔
□ 점원	售员(shòuyuán)	소우위엔
□ 매장	售货处(shòuhuòchù)	소우후오추
□ 지하	地下(dìxià)	디씨아
□ 에스컬레이터	电动扶梯(diàndòngfútī)	띠엔똥푸티
□ 상점	商店(shāngdiàn)	상띠엔
□ 시장	市场(shìchǎng)	스창
□ 일용품	日用品(rìyòngpǐn)	르용핀
□ ~가게	~店(diàn)	~띠엔

시장 · 백화점에서

□ 어서 오십시오. 무엇을 원하십니까?

후안 잉 꾸앙 린, 닌 야오 선 머 ?

欢迎光临, 您要什么?
huān yíng guāng lín nín yào shén me

□ 수공예품은 어디서 팝니까?

소우 꽁 이 핀 짜이 나ㄹ 마이 ?

手工艺品在哪儿卖?
shǒu gōng yì pǐn zài nǎ r mài

□ 에스컬레이터는 어디에 있습니까?

즈 뚱 푸 티 짜이 나ㄹ ?

自动扶梯在哪儿?
zì dòng fú tī zài nǎ r

□ 엘리베이터는 어디에서 탑니까?

짜이 나ㄹ 쭈오 띠엔 티 ?

在哪儿坐电梯?
zài nǎ r zuò diàn tī

□ 이 부근에 과일가게가 있습니까?

저 푸 진 여우 수이 꾸오 디엔 마 ?

这附近有水果店吗?
zhè fù jìn yǒu shuǐ guǒ diàn má

□ 저 시장에서 담배를 팝니까?

나 꺼 스 창 리 마이 씨앙 이엔 마 ?

那个市场里卖香烟吗?
nà gè shì chǎng lǐ mài xiāng yān má

쇼핑

227

□ 이 부근에 일용품 가게가 있습니까?

저 푸 진 여우 르 용 핀 상 디엔 마 ?

这附近有日用品商店吗?
zhè fù jìn yǒu rì yòng pǐn shāng diàn mà

□ 의류매장은 어디입니까?

푸 주앙 뿌 짜이 나ㄹ ?

服装部在哪儿?
fú zhuāng bù zài nǎ r

□ 문방구 매장을 찾습니다.

워 자오 원 지우 꾸이 타이.

我找文具柜台。
wǒ zhǎo wén jù guì tái

□ 서적코너는 몇 층에 있습니까?

투 수 꾸이 타이 짜이 지 러우 ?

图书柜台在几楼?
tú shū guì tái zài jǐ lóu

□ 에스컬레이터는 저기 있습니다.

디엔 똥 푸 티 짜이 나 삐아ㄹ.

电动扶梯在那边儿。
diàn dòng fú tī zài nà biān r

□ 여행책자는 어디서 팝니까?

여우 란 소우 처 짜이 나ㄹ 추 소우.

游览手册在哪儿出售。
yóu lǎn shǒu cè zài nǎ r chū shòu

□ 저 화장품 코너 오른쪽에 있습니다.

후아 주앙 핀 꾸이 타이 짜이 여우 삐아ㄹ.

化妆品柜台在右边儿。
huà zhuāng pǐn guì tái zài yòu biān r

 # 의복류를 구입할 때

□ 입어봐도 될까요?

넝 스 추안 마 ?

能试穿吗?
néng shì chuān ma

□ 사이즈가 조금 더 큰 것은 없어요?

여우 메이 여우 츠 춘 짜이 따 디아ㄹ 더.

有没有尺寸再大点儿的。
yǒu méi yǒu chǐ cùn zài dà diǎn r dè

□ 더 작은 사이즈는 없어요?

여우 메이 여우 짜이 쌰오 이 디엔 더 츠 마 ?

有没有再小一点的尺码?
yǒu méi yǒu zài xiǎo yī diǎn dè chǐ mǎ

□ 이 옷은 너무 화려하네요 좀 수수한 건 없어요?

저 지엔 타이 이엔 러, 여우 메이 여우 수 이 디엔 더.

这件太艳了，有没有素一点的?
zhè jiàn tài yàn le   yǒu méi yǒu sù yī diǎn dè

□ 당신 보기에는 어떤 색상이 좋습니까?

니 런 웨이 나 거 이엔 서 더 하오 ?

你认为哪个颜色的好?
nǐ rèn wéi nǎ gè yán sè dè hǎo

□ 이것이 지금 유행하는 패션입니다.

저 스 씨엔 자이 리우 씽 더 스 주앙.

这是现在流行的时装。
zhè shì xiàn zài liú xíng dè shí zhuāng

□ 요즘은 어떤 스타일이 유행이죠?

쮀이 진 리우 씽 선 머 양 스 더?

最近流行什么样式的?
zuì jìn liú xíng shén me yàng shì dè

□ 이 직물은 실크입니까?

저 즈 우 스 쓰 초우 더 마?

这植物是丝绸的吗?
zhè zhí wù shì sī chóu dè má

□ 이 옷은 너무 화려한 거 아니에요?

저 지엔 이 푸 스 뿌 스 헌 이엔?

这件衣服是不是很艳?
zhè jiàn yī fú shì bú shì hěn yàn

□ 제가 보기에는 괜찮아요. 별로 화려하지 않아요.

워 칸 하이 씽,   빙 뿌 쩐 머 이엔.

我看还行，并不怎么艳。
wǒ kàn hái xíng   bìng bù zěn me yàn

□ 이 옷은 저한테 맞지 않는 것 같아요.

저 지엔 이 푸 뿌 스 허 워.

这件衣服不适合我。
zhè jiàn yī fú bù shì hé wǒ

□ 당신은 어떤 치수를 원하십니까?

닌 야오 선 머 츠 마 더?

您要什么尺码的?
nín yào shén me chǐ mǎ dè

□ 그 옷은 입으면 너무 헐렁합니다.

나 지엔 이 푸 추안 치 라이 타이 페이 러.

那件衣服穿起来太肥了。
nà jiàn yī fú chuān qǐ lái tài féi le

□ 제가 입으면 너무 커 보이지 않나요?]

워 추안 저 스 뿌 스 칸 치 라이 헌 따.

我穿着是不是看起来很大。
wǒ chuān zhe shì bú shì kàn qǐ lái hěn dà

□ 이 바지는 너무 깹니다. 못 입겠어요

저 쿠 즈 타이 소우 러, 추안 뿌 랴오 러.

这裤子太瘦了，穿不了了。
zhè kù zǐ tài shòu le chuān bù liǎo le

□ 이 옷이 당신한테 정말 잘 어울려요

니 칸 저 지엔 뚜오 허 니 선 아!

你看这件多合你身啊!
nǐ kàn zhè jiàn duō hé nǐ shēn ā

□ 당신이 입으실 겁니까?

스 닌 추안 더 마 ?

是您穿的吗?
shì nín chuān dè má

□ 어느 분이 입으실 겁니까?

나 웨이 씨앙 추안 ?

哪位想穿?
nǎ wèi xiǎng chuān

□ 이 신발을 신어 보겠습니다.

워 야오 스 추안 저 수앙 씨에.

我要试穿这双鞋。
wǒ yào shì chuān zhè shuāng xié

□ 이것은 무슨 상표입니까?

저 스 선 머 파이 즈 더?

这是什么牌子的?
zhè shì shén me pái zǐ dè

☐ 화려한	华丽(huálì)	후아리
☐ 소박한	素气(sùqì)	수치
☐ 몸에 맞다	合身(héshēn)	허선
☐ 보통	普通(pǔtōng)	푸퉁
☐ 견본	样品(yàngpǐn)	양핀
☐ 사이즈	号码(hàomǎ)	하오마
☐ 색깔	颜色(yánsè)	이엔서
☐ 하얀색	白色(báisè)	빠이서
☐ 빨간색	红色(hóngsè)	훙서
☐ 노란색	黄色(huángsè)	후앙서
☐ 푸른색	请色(qǐngsè)	칭서
☐ 녹색	绿色(lǜsè)	뤼서
☐ 검정색	黑色(hēisè)	헤이서
☐ 회색	灰色(huīsè)	후이서
☐ 돈지갑	钱包(qiánbāo)	치엔빠오
☐ 핸드백	手提包(shǒutíbāo)	소우티빠오
☐ 벨트	皮带(pídài)	피따이
☐ 넥타이	领带(lǐngdài)	링따이
☐ 장갑	手套(shǒutào)	소우타오
☐ 양복점	服装店(fúzhuāngdiàn)	푸주앙띠엔
☐ 양화점	鞋点(xiédiǎn)	씨엔띠엔
☐ 면세점	免税商店(miǎnshuìshāngdiàn)	미엔수이상띠엔
☐ 비단	绸子(chóuzǐ)	초우즈
☐ 스카프	围巾(wéijīn)	웨이진

쇼핑

여행선물을 구입할 때

□ 공예품은 어디서 팝니까?

꽁 이 핀 짜이 나ㄹ?

工艺品在哪儿?
gōng yì pǐn zài nǎ r

□ 몇 가지 기념품을 사고 싶습니다.

워 씨앙 마이 씨에 지 니엔 핀.

我想买些纪念品。
wǒ xiǎng mǎi xiē jì niàn pǐn

□ 한약 매장은 어디에 있나요?

마이 종 야오 더 디 팡 짜이 나ㄹ?

卖中药的地方在哪儿?
mài zhōng yào de dì fāng zài nǎ r

□ 이 지방 특유의 공예품이 있나요?

여우 메이 여우 저 거 디 팡 터 여우 더 꽁 이 핀?

有没有这个地方特有的工艺品?
yǒu méi yǒu zhè gè dì fāng tè yǒu de gōng yì pǐn

□ 이 그림은 누구 작품입니까?

저 푸 후아 스 세이 더 쭈오 핀?

这幅画是谁的作品?
zhè fú huà shì shéi de zuò pǐn

□ 이것은 진품입니까, 복제품입니까?

저 스 전 핀 하이 스 푸 즈 핀?

这是珍品还是复制品?
zhè shì zhēn pǐn hái shì fù zhì pǐn

233

□ 이것은 어떤 용도로 쓰는 것입니까?

저 스 쭈오 선 머 용 더.

这是做什么用的。
zhè shì zuò shén me yòng de

□ 이것은 어느 지방의 것입니까?

저 스 나 거 디 팡 더?

这是哪个地方的?
zhè shì nǎ gè dì fāng de

□ 이것은 어느 시대의 작품입니까?

저 스 선 머 스 허우 더 쭈오 핀.

这是什么时候的作品。
zhè shì shén me shí hòu de zuò pǐn

□ 이것은 무엇으로 만든 작품입니까?

저 스 용 선 머 쭈오 더?

这是用什么做的?
zhè shì yòng shén me zuò de

□ 도장을 새기고 싶은데요.

워 야오 커 장.

我要刻章。
wǒ yào kè zhāng

□ 이것은 무슨 보석입니까?

저 스 선 머 빠오 스?

这是什么宝石?
zhè shì shén me bǎo shí

□ 이 반지를 보여 주십시오.

칭 께이 워 나 저 메이 지에 즈.

请给我拿这枚戒指。
qǐng gěi wǒ ná zhè méi jiè zhǐ

☐ 선물점	礼品店(lǐpǐndiàn)	리핀띠엔
☐ 특산품	特产品(tèchǎnpǐn)	터찬핀
☐ 화장품	化妆品(huàzhuāngpǐn)	후아주앙핀
☐ 귀금속	贵金属(guìjīnshǔ)	꾸이진수
☐ 반지	戒指(jièzhǐ)	지에즈
☐ 목걸이	项链(xiàngliàn)	씨앙리엔
☐ 팔찌	手镯(shǒuzhuó)	소우주오
☐ 귀걸이	耳环(ěrhuán)	얼후안
☐ 브로치	胸针(xiōngzhēn)	씨옹전
☐ 장식품	装饰品(zhuāngshìpǐn)	주앙스핀
☐ 보석	宝石(bǎoshí)	빠오스
☐ 금	金(jīn)	진
☐ 은	银(yín)	인
☐ 칠보	景泰蓝(jǐngtàilán)	징타이란
☐ 도자기	陶瓷器(táocíqì)	타오츠치
☐ 편자황	片仔黄(piànzǐhuáng)	피엔즈후앙
☐ 청심환	请心丸(qǐngxīnwán)	칭씬완
☐ 피혁제품	皮革制品(pígézhìpǐn)	피거즈핀
☐ 공예품	工艺品(gōngyìpǐn)	공이핀
☐ 기념품	纪念品(jìniànpǐn)	지니엔핀
☐ 작품	作品(zuòpǐn)	주오핀
☐ 진품	珍品(zhēnpǐn)	전핀
☐ 복제품	复制品(fùzhìpǐn)	푸즈핀
☐ 한약	中药(zhōngyào)	종야오

쇼핑

☐ 1월	一月(yīyuè)	이위에
☐ 2월	二月(èryuè)	얼위에
☐ 3월	三月(sānyuè)	싼위에
☐ 4월	四月(sìyuè)	쓰위에
☐ 5월	五月(wǔyuè)	우위에
☐ 6월	六月(liùyuè)	리우위에
☐ 7월	七月(qīyuè)	치위에
☐ 8월	八月(bāyuè)	빠위에
☐ 9월	九月(jiǔyuè)	지우위에
☐ 10월	十月(shíyuè)	스위에
☐ 11월	十一月(shíyīyuè)	스이위에
☐ 12월	十二月(shíèryīyuè)	스얼위에
☐ 월요일	星期一(xīngqīyī)	싱치이
☐ 화요일	星期二(xīngqīèr)	싱치얼
☐ 수요일	星期三(xīngqīsān)	싱치싼
☐ 목요일	星期四(xīngqīsì)	싱치쓰
☐ 금요일	星期五(xīngqīwǔ)	싱치우
☐ 토요일	星期六(xīngqīliù)	싱치리우
☐ 일요일	星期天(xīngqītiān)	싱치티엔
☐ 1일	一号(yīhào)	이하오
☐ 2일	二号(èrhào)	얼하오
☐ 3일	三号(sānhào)	싼하오

236

Part

9

트러블

问题

말이 통하지 않을 때

□ 말씀 좀 여쭙겠습니다.

칭 원.

请问。
qǐng wèn

□ 무슨 일이십니까?

선 머 스?

什么事?
shén me shì

트러블

□ 좋습니다, 말씀하십시오.

하오, 칭 수오 바.

好，请说吧。
hǎo   qǐng shuō ba

□ 사양치 마시고 말씀하십시오.

니 뿌 야오 커 치,   칭 수오 이 수오 바.

你不要客气，请说一说吧。
nǐ bù yào kè qì   qǐng shuō yī shuō ba

□ 아? 뭐라고요?

아? 선머?

啊？什么？
ā   shén me

□ 당신이 하는 말을 잘 알아듣지 못하겠습니다.

니 수오 더,   워 팅 뿌 동.

你说的，我听不懂。
nǐ shuō de   wǒ tīng bù dǒng

□ 당신 말이 잘 안 들립니다.

니 수오 더 후아,   워 팅 뿌 칭 추.

你说的话，我听不清楚。
nǐ shuō de huà   wǒ tīng bù qīng chǔ

□ 다시 한번 말씀해 주십시오.

칭 니 짜이 수오 이 삐엔.

请你再说一遍。
qǐng nǐ zài shuō yí biàn

□ 알겠습니다.

워 밍 빠이 러.

我明白了。
wǒ míng bái le

□ 제가 하는 말을 이해하겠습니까?

워 수오 더 후아, 니 밍 빠이 마?

我说的话，你明白吗？
wǒ shuō de huà   nǐ míng bái má

□ 조금 천천히 말씀해 주십시오.

칭 니 만 띠아ㄹ 수오 바.

请你慢点儿说吧。
qǐng nǐ màn diǎn r shuō bā

□ 말이 너무 빨라서 알아들을 수 없어요.

니 수오 더 타이 콰이, 워 팅 뿌 밍 빠이.

你说的太快，我听不明白。
nǐ shuō de tài kuài   wǒ tīng bù míng bái

□ 듣기는 하지만 말은 잘 못합니다.

워 팅 더 똥,   커 스 수오 더 하이 뿌 따 리우 리.

我听的懂，可是说的还不大流利。
wǒ tīng de dǒng   kě shì shuō de hái bú dà liú lì

 ## 분실·도난을 당했을 때

□ 도둑이야!

싸오 터우아 ㄹ !

小偷儿!
xiǎo tōu r

□ 소매치기야!

빠 소우 !

扒手!
bā shǒu

□ 여권을 잃어버렸습니다.

워 더 후 자오 띠우 러.

我的护照丢了。
wǒ de hù zhào diū le

□ 제 여권을 어디에 두었는지 생각이 나지 않습니다.

워 뿌 즈 따오 바 후 자오 왕 짜이 나ㄹ 러.

我不知道把护照忘在哪儿了。
wǒ bù zhī dào bǎ hù zhào wàng zài nǎ r le

□ 제 여권이 보이질 않습니다. 어떡하죠?

워 더 후 자오 뿌 지엔 러,   전 머 빠 ?

我的护照不见了, 怎么办?
wǒ de hù zhào bù jiàn le   zěn me bàn

□ 기억이 나지 않습니다.

워 지 뿌 칭 러.

我记不清了。
wǒ jì bù qīng le

240

□ 생각이 나지 않습니다.

워 씨앙 뿌 치 라이.

我想不起来。
wǒ xiǎng bù qǐ lái

□ 어디서 잃어버렸는지 모르겠어요.

워 뿌 즈 따오 스 짜이 나ㄹ 띠우 더.

我不知道是在哪儿丢的。
wǒ bù zhī dào shì zài nǎ r diū dè

□ 지갑을 어디서 분실했는지 기억이 잘 안 나요.

워 더 치엔 빠오 지 뿌 칭 띠우 나ㄹ 러.

我的钱包记不清丢哪儿了。
wǒ dè qián bāo jì bù qīng diū nǎ r le

□ 여권을 호텔에 두고 안 가져온 것 아닙니까?

니 스 뿌 스 빠 후 자오 왕 짜이 뤼 구안 리 러.

你是不是把护照忘在旅馆里了。
nǐ shì bú shì bǎ hù zhào wàng zài lǚ guǎn lǐ le

□ 어디서 분실하셨는지 기억나세요?

닌 지 치 라이 스 짜이 나ㄹ 띠우 더 마?

您记起来是在哪儿丢的吗?
nín jì qǐ lái shì zài nǎ r diū dè ma

□ 제가 멜가방을 택시에 두고 내린 것 같습니다.

워 하오 씨앙 바 뻬이 빠오 왕 짜이 추 쭈 치 처 리 러.

我好象把背包忘在出租汽车里了。
wǒ hǎo xiàng bǎ bèi bāo wàng zài chū zū qì chē lǐ le

□ 돈지갑을 차에서 도난 당했습니다.

워 더 치엔 빠오 자이 처 상 뻬이 토우 러.

我的钱包在车上被偷了。
wǒ dè qián bāo zài chē shàng bèi tōu le

 ## 사고가 났을 때

☐ 사람 살려요!

지우 밍 아!

救命啊!
jiù mìng a

☐ 위험해요!

웨이 씨엔!

危险!
wēi xiǎn

☐ 비켜요!

랑 이 랑!

让一让!
ràng yī ràng

☐ 경찰에 신고해주세요.

칭 빵 워 빠오 징.

请帮我报警。
qǐng bāng wǒ bào jǐng

☐ 구급차도 한 대 불러주세요.

순 삐엔 쨔오 이 리앙 지우 후 처.

顺便叫一辆救护车。
shùn biàn jiào yí liàng jiù hù chē

☐ 구급차를 불러주세요.

칭 쨔오 이 리앙 지우 후 처.

请叫一辆救护车。
qǐng jiào yī liàng jiù hù chē

□ 견인차를 불러야겠습니다.

야오 쟈오 치엔 인 처.

要叫牵引车。
yào jiào qiān yǐn chē

□ 경찰에 신고해야 합니다.

쉬 야오 빠오 징.

需要报警。
xū yào bào jǐng

□ 움직일 수 없습니다. 도와주세요.

워 뚱 뿌 랴오 러,   칭 빵 빵 워.

我动不了了，请帮帮我。
wǒ dòng bù liǎo le   qǐng bāng bāng wǒ

□ 차가 부딪쳤습니다.

워 먼 주앙 처 러.

我们撞车了。
wǒ men zhuàng chē le

□ 길에서 교통사고가 발생한 것을 보았습니다.

워 칸 지엔 루 상 추 러 쟈오 통 스 꾸.

我看见路上出了交通事故。
wǒ kàn jiàn lù shàng chū le jiāo tōng shì gù

□ 교통사고를 당했습니다.

워 위 따오 쟈오 통 스 꾸 러.

我遇到交通事故了。
wǒ yù dào jiāo tōng shì gù le

□ 차 3대가 충돌했습니다.

여우 선 리앙 처 씨앙 주앙.

有三辆车相撞。
yǒu sān liàng chē xiāng zhuàng

□ 차가 다 망가졌습니다.

처 뚜 화이 러.

车 都 坏 了 。
chē dū huài le

□ 괜찮습니다. 좀 스쳤을 뿐입니다.

메이 꾸안 씨, 즈 스 차 상 러.

没 关 系 ， 只 是 擦 伤 了 。
méi guān xì zhǐ shì cā shāng le

□ 다쳤습니다.

워 소우 상 러.

我 受 伤 了 。
wǒ shòushāng le

□ 부상을 당했습니다.

워 소우 상 러, 상 더 뿌 타이 이엔 종.

我 受 伤 了 ， 伤 得 不 太 严 重 。
wǒ shòushāng le shāng dé bú tài yán zhòng

□ 다행히 다치지는 않았습니다.

씽 하오, 워 메이 소우 상.

幸 好 ， 我 没 受 伤 。
xìng hǎo wǒ méi shòushāng

□ 많은 사람들이 다쳤습니다.

헌 뚜오 런 소우 상 러.

很 多 人 受 伤 了 。
hěn duō rén shòushāng le

□ 손이 움직이지 않습니다.

상 더 뿌 타이 종.

伤 得 不 太 重 。
shāng dé bù tài zhòng

244

☐ 부상이 심하지 않습니다.

소우 뚱 뿌 러.

手动不了。
shǒu dòng bù le

☐ 이번 사고는 제 책임이 아닙니다.

저 츠 스 꾸 뿌 스 워 더 쩌 런.

这次事故不是我的责任。
zhè cì shì gù bú shì wǒ de zé rèn

☐ 제 책임이 아닙니다.

뿌 스 워 더 쩌 런.

不是我的责任。
bú shì wǒ de zé rèn

☐ 맞은편 차가 와서 부딪쳤습니다.

뚜이 미엔 더 처 주앙 꾸오 라이 더.

对面的车撞过来的。
duì miàn de chē zhuàng guò lái de

☐ 맞은편 차가 중앙선을 넘었습니다.

뚜이 미엔 더 처 추앙 종 지엔 씨엔 러.

对面的车闯中间线了。
duì miàn de chē chuǎng zhōng jiān xiàn le

☐ 뒤차가 과속을 했습니다.

허우 미엔 더 처 타이 콰이 러.

后面的车太快了。
hòu miàn de chē tài kuài le

☐ 그의 차가 갑자기 튀어나왔습니다.

타 더 처 투 란 추앙 추 라이 러.

他的车突然闯出来了。
tā de chē tū rán chuǎng chū lái le

245

☐ 경찰	警察(jǐngchá)	징차
☐ 지갑	钱包(qiánbāo)	치엔빠오
☐ 대사관	大使馆(dàshǐguǎn)	따스꾸안
☐ 영사관	领事馆(lǐngshìguǎn)	링스꾸안
☐ 여권	护照(hùzhào)	후자오
☐ 분실물취급소	失物招领处(shīwùzhāolǐngchù)	스우자오링추
☐ 분실증명서	遗失证明书(yíshīzhènmíngshū)	이스전밍수
☐ 재발행	再发行(zàifāxíng)	짜이파씽
☐ 사고	事故(shìgù)	스꾸
☐ 교통사고	交通事故(jiāotōngshìgù)	쟈오통스꾸
☐ 병원	医院(yīyuàn)	위위엔
☐ 의사	大夫(dàfū)	따푸
☐ 한의사	中医(zhōngyī)	종이
☐ 양의사	西医(xīyī)	씨이
☐ 간호사	护士(hùshì)	후스
☐ 환자	病人(bìngrén)	빙런
☐ 구급차	急救车(jíjiùchē)	지지우처
☐ 부상	受伤(shòushāng)	소우상
☐ 처방전	药方(yàofāng)	야오팡
☐ 파스	湿敷(shīfū)	스푸
☐ 소독약	消毒药(xiāodúyào)	쌰오뚜야오
☐ 탈지면	药棉(yàomián)	야오미엔
☐ 반창고	橡皮膏(xiàngpígāo)	씨앙피까오
☐ 붕대	绷带(bēngdài)	벙따이

트러블

몸이 아플 때

□ 어디가 아프세요?

니 나ㄹ 성 빙 러?

你哪儿生病了?
nǐ nǎ r shēng bìng le

□ 어디에 병이 났어요?

나ㄹ 성 더 빙?

哪儿生的病?
nǎ r shēng de bìng

□ 어떤 증상이 있어요?

여우 선 머 정 주앙?

有什么症状?
yǒu shén me zhèng zhuàng

□ 어디가 불편하세요?

나ㄹ 쥐에 더 뿌 수 푸?

哪儿觉得不舒服?
nǎ r jué de bù shū fú

□ 증상으로 보면 일반 감기입니다.

정 주앙 빠오 밍 스 이 빤 깐 마오.

症状表明是一般感冒。
zhèng zhuàng biǎo míng shì yī bān gǎn mào

□ 구체적으로 어디가 아프세요?

닌 지우 티 나ㄹ 텅?

您具体哪儿疼?
nín jù tǐ nǎ r téng

□ 다리를 다쳐서 많이 아파요.

워 더 투이 소우 러 상, 텅 더 리 하이.

我的腿受了伤，疼得厉害。
wǒ dè tuǐ shòu le shāng   téng de lì hài

□ 다리가 약간 쑤시듯이 아픕니다.

워 더 투이 여우 디엔 츠 통.

我的腿有点刺痛。
wǒ dè tuǐ yǒu diǎn cì tòng

□ 복부에 쑤시는 듯한 느낌이 있습니다.

워 더 푸 뿌 여우 츠 통 더 깐 쥐에.

我的腹部有刺痛的感觉。
wǒ dè fù bù yǒu cì tòng dé gǎn jué

□ 한차례 심한 통증을 느꼈습니다.

깐 쥐에 따오 러 이 전 쥐 리에 더 텅 통.

感觉到了一阵剧烈的疼痛。
gǎn jué dào le yī zhèn jù liè dé téng tòng

□ 다리가 저려서 걷지 못하겠습니다.

워 인 웨이 투이 마 쩌우 뿌 동 러.

我因为腿麻走不动了。
wǒ yīn wéi tuǐ má zǒu bú dòng le

□ 무릎관절을 삐었습니다.

니우 상 러 씨 꾸안 지에.

扭伤了膝关节。
niǔ shāng le xī guān jié

□ 부주의해서 발목을 삐었습니다.

뿌 싸오 씬 리에 상 러 쟈오 뽀 즈.

不小心捩伤了脚脖子。
bù xiǎo xīn liè shāng le jiǎo bó zi

248

□ 오른쪽 다리가 부러졌습니다.

워 더 여우 투이 꾸 저 러.

我的右腿骨折了。
wǒ dè yòu tuǐ gǔ zhé le

□ 타박상으로 다리가 많이 부었습니다.

베이 티 상 더 투이 종 더 리 하이.

被踢伤的腿肿得厉害。
bèi tī shāng dè tuǐ zhǒng dé lì hài

□ 모기한테 물려서 부었습니다.

베이 원 즈 딩 더 또우 종 러.

被蚊子叮得都肿了。
bèi wén zǐ dīng dè dōu zhǒng le

□ 햇볕에 까맣게 탔습니다.

타 베이 타이 양 사이 헤이 러.

他被太阳晒黑了。
tā bèi tài yáng shài hēi le

□ 무엇 때문인지 머리가 약간 어지럽습니다.

뿌 즈 쩐 머 더 토우 여우 디엔 파 훈.

不知怎么的头有点发昏。
bù zhī zěn mè dè tóu yǒu diǎn fā hūn

□ 현기증이 좀 납니다.

워 여우 디엔 토우 윈.

我有点头晕。
wǒ yǒu diǎn tóu yūn

□ 너무 피곤해서 현기증이 납니다.

타이 레이 러, 까오 더 워 파 훈.

太累了，搞得我发昏。
tài lèi le gǎo dè wǒ fā hūn

☐ 시력이 별로 좋지 않습니다.

스 리 뿌 타이 하오.

视力不太好。
shì lì bú tài hǎo

☐ 이가 약간 흔들거립니다.

워 더 야 츠 여우 디엔 송 동.

我的牙齿有点松动。
wǒ dè yá chǐ yǒu diǎn sōng dòng

☐ 충치로 인해 많이 아픕니다.

인 웨이 총 야 텅 더 리 하이.

因为虫牙疼得厉害。
yīn wéi chóng yá téng dè lì hài

☐ 부주의로 이를 부딪쳐 부러뜨렸습니다.

뿌 쌰오 씬 빠 야 츠 께이 펑 뚜안 러.

不小心把牙齿给碰断了。
bù xiǎo xīn bǎ yá chǐ gěi pèng duàn le

☐ 왜 목이 쉬었어요?

니 쩐 머 상 즈 야 러?

你怎么嗓子哑了?
nǐ zěn mé sǎng zi yā le

☐ 진단 결과는 어떻습니까?

전 뚜안 지에 꾸오 전 머 양?

诊断结果怎么样?
zhěn duàn jié guǒ zěn mé yàng

☐ 며칠 후면 퇴원할 수 있습니다.

꾸오 지 티엔 지우 커 이 추 위엔 러.

过几天就可以出院了。
guò jǐ tiān jiù kě yǐ chū yuàn le

 # 약국에서의 표현

□ 이 부근에 약방이 있습니까?

저 푸 진 여우 야오 팡 마 ?

这附近有药房吗?
zhè fù jìn yǒu yào fáng má

□ 가장 가까운 약방은 어디에 있습니까?

쮀이 진 더 야오 팡 짜이 나ㄹ ?

最近的药房在哪儿?
zuì jìn de yào fáng zài nǎ r

트러블

□ 진통제를 주십시오

워 야오 마이 즈 통 야오.

我要买止痛药。
wǒ yào mǎi zhǐ tòng yào

□ 파스를 주세요

워 야오 띠에 따 까오.

我要跌打膏。
wǒ yào diē dǎ gāo

□ 이 약은 효과가 있습니다.

저 야오 여우 쌰오 꾸오.

这药有效果。
zhè yào yǒu xiào guǒ

□ 이 약은 감기 치료에 아주 효과가 빠릅니다.

저 야오 뚜이 즈 랴오 간 마오 랴오 쌰오 씨엔 주.

这药对治疗感冒疗效显著。
zhè yào duì zhì liáo gǎn mào liáo xiào xiǎn zhù

251

☐ 이 약은 나에게 효과가 없습니다.

저 야오 뚜이 워 라이 수오 메이 여우 쌰오 꾸오.

这药对我来说没有效果。
zhè yào duì wǒ lái shuō méi yǒu xiào guǒ

☐ 이 약은 기침 치료에 특효가 있습니다.

저 야오 뚜이 즈 랴오 커 소우 여우 터 수 쌰오 꾸오.

这药对治疗咳嗽有特殊效果。
zhè yào duì zhì liáo ké sòu yǒu tè shū xiào guǒ

☐ 당신이 추천한 약이 정말 효과가 좋았습니다.

니 투이 지엔 더 야오 쌰오 꾸오 전 뿌 추오.

你推荐的药效果真不错。
nǐ tuī jiàn dè yào xiào guǒ zhēn bù cuò

☐ 질병 치료에 신기한 효과가 있습니다.

뚜이 우 즈 랴오 지 빙 여우 선 치 더 쌰오 꾸오.

对于治疗疾病有神奇的效果。
duì yú zhì liáo jí bìng yǒu shén qí dè xiào guǒ

☐ 약을 처방해 주십시오

칭 카이 야오.

请开药。
qǐng kāi yào

☐ 처방대로 약을 조제해주세요

칭 안 추 팡 께이 워 페이 야오.

请按处方给我配药。
qǐng àn chù fāng gěi wǒ pèi yào

☐ 검진을 하고 나서 처방을 써드릴게요

전 차 허우,   께이 니 추 팡 바.

诊察后，给你处方吧。
zhěn chá hòu   gěi nǐ chù fāng ba

252

☐ 처방을 하나 써드릴게요.

워 께이 니 카이 거 야오 팡 바.

我给你开个药方吧。
wǒ gěi nǐ kāi gè yào fāng ba

☐ 이것은 처방대로 조제해 놓은 약입니다.

저 스 안 자오 추 팡 땨오 페이 하오 더 야오.

这是按照处方调配好的药。
zhè shì àn zhào chù fāng diào pèi hǎo dè yào

☐ 처방전을 쓴 데서 약을 지으세요.

니 짜이 카이 추 팡 더 디 팡 주아 야오 바.

你在开处方的地方抓药吧。
nǐ zài kāi chù fāng dè dì fāng zhuā yào ba

☐ 이 약은 어떻게 복용합니까?

저 야오 쩐 머 츠.

这药怎么吃。
zhè yào zěn mè chī

☐ 하루에 몇 번 먹습니까?

이 티엔 츠 지 츠 ?

一天吃几次?
yī tiān chī jǐ cì

☐ 한 번에 몇 알 먹습니까?

이 츠 야오 츠 지 피엔 ?

一次要吃几片?
yī cì yào chī jǐ piàn

☐ 한방을 처방해 주세요.

칭 께이 워 카이 종 야오.

请给我开中药。
qǐng gěi wǒ kāi zhōng yào

⊞ WORD FILE

☐ 두통	头痛(tóutòng)	토우통
☐ 열이 나다	发烧(fāshāo)	파사오
☐ 열이 내리다	退烧(tuìshāo)	투이사오
☐ 감기	感冒(gǎnmào)	깐마오
☐ 식욕	胃口(wèikǒu)	웨이커우
☐ 식욕이 없다	没有胃口(méiyǒuwèikǒu)	메이여우웨이커우
☐ 불편하다	不舒服(bùshūfú)	뿌수푸
☐ 치통	牙疼(yáténg)	야텅
☐ 요통	腰疼(yāoténg)	야오텅
☐ 출혈	出血(chūxiě)	추씨에
☐ 오한	发冷(fālěng)	파렁
☐ 숨이 차다	气喘(qìchuǎn)	치추안
☐ 구토	呕吐(ǒutù)	오우투
☐ 통증	疼(téng)	텅
☐ 화상	烧伤(shāoshāng)	사오상
☐ 소화불량	消化不良(xiāohuàbùliáng)	쌰오후아뿌리앙
☐ 식중독	食物中毒(shíwùzhōngdú)	스우종뚜
☐ 변비	便秘(biànmì)	삐엔미
☐ 염증	炎症(yánzhèng)	이엔정
☐ 궤양	溃疡(kuìyáng)	쿠이양
☐ 현기증	头晕(tóuyūn)	토우윈
☐ 속쓰림	烧心(shāoxīn)	사오씬
☐ 가렵다	发痒(fāyǎng)	파양
☐ 골절	骨折(gǔzhé)	꾸저

254

귀국할 때

□ 여보세요, 중국국제항공입니까?

웨이, 스 종 꾸오 꾸오 지 항 콩 마?

喂! 是中国国际航空吗?
wèi　shì zhōng guó guó jì hángkōng má

□ 예약을 부탁합니다.

워 씨앙 위 딩 지 파오?

我想预订机票?
wǒ xiǎng yù dìng jī piào

□ 이코노미(비즈니스) 클래스로 부탁합니다.

칭 께이 워 딩 푸 통 창 (꿍 우 창).

请给我订普通舱(公务舱)。
qǐng gěi　wǒ dìng pǔ tōngcāng　gōng wù cāng

□ 언제 출발하십니까?

닌 선 머 스 허우 추 파?

您什么时候出发?
nín shén me shí hòu chū fā

□ 어디를 가실 겁니까?

닌 씨앙 따오 선 머 디 팡?

您想到什么地方?
nín xiǎng dào shén me　dì fāng

□ 한국 서울로 갑니다.

따오 한 꾸오 한 청.

到韩国汉城。
dào hán guó hàn chéng

255

□ 실례합니다만, 공항세는 어디서 삽니까?

칭 원, 짜이 나ㄹ 마이 지 창 지엔 서 페이 ?

请问，在哪儿买机场建设费？
qǐng wèn   zài nǎ r mǎi jī chǎng jiàn shè fèi

□ 어디서 수속을 합니까?

칭 원, 짜이 나ㄹ 빤 소우 수 ?

请问，在哪儿办手续？
qǐng wèn   zài nǎ r bàn shǒu xù

□ 짐은 어디서 보냅니까?

칭 원, 씽 리 짜이 나ㄹ 지 ?

请问，行李在哪儿寄？
qǐng wèn   xíng lǐ zài nǎ r jì

□ 언제부터 탑승합니까?

선 머 스 허우 카이 스 떵 지 ?

什么时候开始登机？
shén me shí hòu kāi shǐ dēng jī

□ 면세점은 어디에 있습니까?

미엔 수이 띠엔 짜이 나ㄹ ?

免税店在哪儿？
miǎn shuì diàn zài nǎ r

□ 정시에 이륙합니까?

준 스 치 페이 마 ?

准时起飞吗？
zhǔn shí qǐ fēi má

□ 탑승구는 어디에 있습니까?

떵 지 커우 짜이 나ㄹ ?

登机口在哪儿？
dēng jī kǒu zài nǎ r

Part 10

중국어
기본회화

긍정 · 부정의 표현

□ 예.

스. / 뚜이.

是。 / 对。
shì   duì

□ 그렇습니다.

스 더. / 스 아.

是的。 / 是啊。
shì dè   shì a

□ 당연합니다.

땅 란 러.

当然了。
dāng rán le

□ 정말 그렇습니다.

저 스 저 양.

真是这样。
zhēn shì zhè yàng

□ 정말입니다.

전 더.

真的。
zhēn de

□ 당연히 그렇습니다.

땅 란 스 저 양.

当然是这样。
dāng rán shì zhè yàng

□ 당신 말이 맞습니다.

닌 수오 더 뚜이.

您说得对。
nín shuō dé duì

□ 전적으로 동감입니다.

껀 니 여우 통 깐.

跟你有同感。
gēn nǐ yǒu tóng gǎn

□ 좋습니다.

하오.

好。
hǎo

□ 좋지요.

하오 러.

好了。
hǎo le

□ 아주 좋습니다.

헌 하오.

很好。
hěn hǎo

□ 알았습니다.

즈 따오 러.

知道了。
zhī dào le

□ 좋고 말고요.

커 이, 커 이.

可以, 可以。
kě yǐ   kě yǐ

□ 아니오.

뿌. / 뿌 스.

不。/ 不是。
bú   bú shì

□ 아니오, 아닙니다.

뿌, 뿌 스.

不, 不是。
bú   bú shì

□ 모르겠습니다.

워 뿌 밍 빠이.

我不明白。
wǒ bù míng bái

□ 잘 모르겠습니다.

워 뿌 타이 즈 따오.

我不太知道。
wǒ bú tài zhī dào

□ 저는 반대입니다.

워 판 뚜이.

我反对。
wǒ fǎn duì

□ 저는 동의할 수 없습니다.

워 뿌 넝 통 이.

我不能同意。
wǒ bù néng tóng yì

□ 저는 전혀 모릅니다.

워 이 띠아ㄹ 예 뿌 즈 따오.

我一点儿也不知道。
wǒ yì diǎn r yě bù zhī dào

□ 저는 잘 이해하지 못하겠습니다.

워 뿌 타이 밍 빠이.

我不太明白。
wǒ bú tài míng bái

□ 안 됩니다.

나 뿌 씨앙.

那不行。
nà bù xíng

□ 그런 일은 할 수 없습니다.

워 우 파 빤 따오.

我无法办到。
wǒ wú fǎ bàn dào

□ 저는 그렇게 생각하지 않습니다.

워 따오 뿌 나 머 씨앙.

我倒不那么想。
wǒ dǎo bú nà me xiǎng

□ 그런 것이 아닙니다.

메이 여우 더 스.

没有的事。
méi yǒu de shì

□ 저는 그렇게 하고 싶지 않습니다.

워 뿌 씨 후안 나 양 쭈오.

我不喜欢那样做。
wǒ bù xǐ huān nà yàng zuò

□ 이러지 마세요.

니 삐에 저 머 쭈오.

你别这么做。
nǐ bié zhè me zuò

 # 질문의 표현

□ (그것을 하려면) 어느 정도 걸립니까?

야오 뚜오 사오 치엔 ?

要多少钱?
yào duō shǎoqián

□ 여기서 걸어서 어느 정도 걸립니까?

총 저 리 쪼우 야오 뚜오 사오 스 지엔 ?

从这里走要多少时间?
cóng zhè lǐ zǒu yào duō shǎo shí jiān

□ 이 택시에 몇 명 탈 수 있나요?

저 리앙 추 쭈 치 처 넝 짜이 뚜오 사오 런 수 ?

这辆出租汽车能载多少人数?
zhè liàng chū zū qì chē néng zài duō shǎo rén shù

□ 연세는 어떻게 되십니까?

니 뚜오 따 수이 수ㄹ ?

你多大岁数儿?
nǐ duō dà suì shù r

□ 몇 살입니까?

진 니엔 지 수이 ?

今年几岁?
jīn nián jǐ suì

□ 어떻게 하면 좋습니까?

쩐 머 빤 ?

怎么办?
zěn me bàn

□ 어떻게 갑니까?

쩐 마 쩌우 ?

怎么走?
zěn me zǒu

□ 이 요리는 어떻게 먹는 겁니까?

취 치 처 잔 쩐 머 쩌우 하오 너 ?

去汽车站怎么走好呢?
qù qì chē zhàn zěn me zǒu hǎo ne

□ 이 글자는 어떻게 씁니까?

저 꺼 즈, 쩐 머 씨에 너 ?

这个字，怎么写呢?
zhè gè zì   zěn me xiě ne

□ 저 남자(여자)는 누구입니까?

타 (타) 스 세이 ?

他(她)是谁?
tā   tā   shì shéi

□ 누구에게 물으면 되나요?

까이 원 세이 너 ?

该问谁呢?
gāi wèn shéi ne

□ 아직 오지 않은 사람은 누구입니까?

세이 하이 메이 라이 너 ?

谁还没来呢?
shéi hái méi lái ne

□ 무슨 일이십니까?

니 여우 선 머 스 마 ?

你有什么事吗?
nǐ yǒu shén me shì má

□ 이건 무슨 뜻입니까?

저 스 선 머 이 스?

这是什么意思?
zhè shì shén me yì si

□ 언제 나가십니까?

선 머 스 허우 쩌우 너?

什么时候走呢?
shén me shí hòu zǒu ne

□ 화장실은 어디입니까?

처 수오 짜이 나 리?

厕所在哪里?
cè suǒ zài nǎ lǐ

□ 어디에 가십니까?

니 상 나ㄹ 취?

你上哪儿去?
nǐ shàng nǎ r qù

□ 여기가 어디입니까?

저ㄹ 스 선 머 디 팡?

这儿是什么地方?
zhè r shì shén me dì fāng

□ 어디에서 오셨습니까?

니 총 나 리 라이 더?

你从哪里来的?
nǐ cóng nǎ lǐ lái de

□ 어느 것이 좋습니까?

니 야오 나 거?

你要哪个?
nǐ yào nǎ gè

□ 어느 것이 당신 것입니까?

나 거 스 니 더?

哪个是你的?
nǎ gè shì nǐ de

□ 좋아하는 요리는 어떤 요리입니까?

니 씨 후안 나 거 차이?

你喜欢哪个菜?
nǐ xǐ huān nǎ gè cài

□ 왜 그렇습니까?

웨이 선 머 너?

为什么呢?
wéi shén me ne

□ 그는 왜 가지 않나요?

타 웨이 선 머 뿌 취?

他为什么不去?
tā wéi shén me bù qù

□ 왜 그런지 모르겠습니다.

워 예 뿌 즈 따오 웨이 선 머?

我也不知道为什么?
wǒ yě bù zhī dào wéi shén me

□ 지금 몇 시입니까?

씨엔 자이 지 띠엔 종?

现在几点钟?
xiàn zài jǐ diǎn zhōng

□ 몇 시부터입니까?

지 띠엔 종 카이 스?

几点钟开始?
jǐ diǎnzhōng kāi shǐ

□ 나	我(wǒ)	워
□ 너, 당신	你(nǐ)	니
□ 우리들	我们(wǒmén)	워먼
□ 너희들, 당신들	你们(nǐmén)	니먼
□ 모두	大家(dàjiā)	따지아
□ 그	他(tā)	타
□ 그녀	她(tā)	타
□ 그들	他们(tāmén)	타먼
□ 누구	谁(shéi)	세이
□ 성인남성 호칭	先生(xiānshēng)	씨엔성
□ 미혼여성 호칭	小姐(xiǎojiě)	쌰오지에
□ 기혼여성 호칭	太太(tàitài)	타이타이
□ 이	这(zhè)	저
□ 이것	这个(zhègè)	저거
□ 그, 저	那(nà)	나
□ 그것, 저것	那个(nàgè)	나거
□ 어느	哪(nǎ)	나
□ 어느 것	哪个(nǎgè)	나거
□ 이곳, 여기	这儿(zhèr)	저ㄹ
□ 그곳, 저곳	那儿(nàr)	나ㄹ
□ 어느 곳	哪儿(nǎr)	나ㄹ
□ 이분	这位(zhèwèi)	저웨이
□ 그분, 저분	那位(nàwèi)	나웨이
□ 어느 분	哪位(nǎwèi)	나웨이

기본
회화

인사 표현

☐ 안녕하세요?

니 하오.

你好。
nǐ hǎo

☐ 안녕하세요? - 정중한 인사말

닌 하오.

您好。
nín hǎo

☐ 좋은 아침입니다!

짜오 샹 하오 !

早上好!
zǎo shàng hǎo

☐ 안녕하세요? - 저녁인사

완 샹 하오 !

晚上好!
wǎn shàng hǎo

☐ 식사하셨어요?

츠 판 러 마 ?

吃饭了吗?
chī fàn le ma

☐ 잘 주무셨어요?

니 수이 더 수 푸 마 ?

你睡得舒服吗?
nǐ shuì dé shū fú mà

□ 편히 쉬셨어요?
시우 시 더 하오 마?

休息的好吗?
xiū xi de hǎo ma

□ 안녕히 주무세요.
완 안!

晚安!
wǎn ān

□ 안녕하세요?
니 하오 마?

你好吗?
nǐ hǎo ma

□ 건강하십니까?
니 선 티 하오 마?

你身体好吗?
nǐ shēn tǐ hǎo ma

□ 어떻게 지내세요?
니 꾸오 더 쩐 머 양?

你过得怎么样?
nǐ guò de zěn me yàng

□ 요즘 어떻게 보내세요?
쭈이 진 꾸오 더 쩐 머 양?

最近过得怎么样?
zuì jìn guò de zěn me yàng

□ 그럭저럭 지냅니다.
마 마 후 후.

马马虎虎。
mǎ mǎ hū hū

□ 여전합니다.

하이 스 라오 양 쯔.

还是老样子。
hái shì lǎo yàng zi

□ 저는 아주 건강하고, 컨디션도 좋습니다.

워 선 티 헌 하오,   깐 쥐에 뿌 추오 !

我身体很好，感觉不错!
wǒ shēn tǐ hěn hǎo   gǎn jué bú cuò

□ 별로 좋지 않습니다.

뿌 스 타이 하오.

不是太好。
bú shì tài hǎo

□ 오랜만이군요. 어떻게 지냈어요?

하오 지우 뿌 지엔,   꾸오 더 쩐 머 양 ?

好久不见，过得怎么样?
hǎo jiǔ bú jiàn   guò de zěn me yàng

□ 오랜만입니다.

하오 지우 뿌 지엔 러.

好久不见了。
hǎo jiǔ bú jiàn le

□ 참 오랜만이군요, 저는 잘 지냈어요. 당신은요?

하오 지우 메이 지엔 미엔 러,   워 꾸오 더 헌 하오,   니 너 ?

好久没见面了，我过得很好，你呢?
hǎo jiǔ méi jiàn miàn le   wǒ guò dé hěn hǎo   nǐ ne

□ 오랫동안 만나 뵙지 못했네요.

하오 지우 메이 여우 지엔 미엔.

好久没有见面。
hǎo jiǔ méi yǒu jiàn miàn

□ 몇 년 만입니까?

지 니엔 러 ?

几年了?
jǐ nián le

□ 여전하시군요!

니 이 디엔 메이 삐엔 아 !

你一点没变啊!
nǐ yì diǎn méi biàn

□ 생각이 많이 났습니다(보고 싶었습니다).

팅 씨앙 니 더.

挺想你的。
tǐng xiǎng nǐ dè

□ 만나서 기쁩니다.

지엔 따오 니 헌 까오 씽 !

见到你很高兴!
jiàn dào nǐ hěn gāo xīng

□ 가족들은 모두 안녕하세요?

지아 리 런 또우 하오 마 ?

家里人都好吗?
jiā lǐ rén dōu hǎo mǎ

□ 어떻게 여기에 계십니까?

니 쩐 머 이에 짜이 쩌ㄹ ?

你怎么也在这儿?
nǐ zěn mè yě zài zhè r

□ 어떻게 여기에 오셨습니까?

니 쩐 머 따오 쩌ㄹ 라이 러 ?

你怎么到这儿来了?
nǐ zěn mè dào zhè r lái le

 # 작별인사 표현

☐ 먼저 실례하겠습니다.

워 씨엔 까오 츠 러.

我先告辞了。
wǒ xiān gào cí le

☐ 먼저 가보겠습니다.

워 씨엔 후이 취 러.

我先回去了。
wǒ xiān huí qù le

☐ 먼저 실례합니다.

씨엔 스 리 러.

先失礼了。
xiān shī lǐ le

☐ 이만 일어서겠습니다.

워 씨엔 스 페이 러.

我先失陪了。
wǒ xiān shī péi le

☐ 안녕히 계세요(가세요).

짜이 지엔 !

再见!
zài jiàn

☐ 조심해 가세요.

칭 만 쩌우.

请慢走。
qǐng màn zǒu

**기본
회화**

□ 내일 만납시다.

밍 티엔 지엔.

明天见。
míng tiān jiàn

□ 나중에 또 만납시다.

짠 먼 허우 후이 여우 취!

咱们后会有期!
zán men hòu huì yǒu qī

□ 자주 놀러오세요.

여우 콩 창 라이.

有空常来。
yǒu kōng cháng lái

□ 시간이 있으면 놀러 오세요.

여우 스 지엔 꾸오 라이 완.

有时间过来玩。
yǒu shí jiān guò lái wán

□ 나중에 다시 만났으면 좋겠어요.

씨 왕 하이 넝 지엔 미엔.

希望还能见面。
xī wàng hái néng jiàn miàn

□ 기회가 되면 다시 만나고 싶습니다.

씨 왕 여우 지 후이 짜이 지엔 이 미엔.

希望有机会再见一面。
xī wàng yǒu jī huì zài jiàn yí miàn

□ 저도 마찬가지입니다. 시간이 있으면 자주 오세요.

워 이에 스, 여우 콩 창 꾸오 라이.

我也是，有空常过来。
wǒ yě shì yǒu kōng cháng guò lái

 ## 소개의 표현

☐ 제가 소개하겠습니다.

워 지에 사오 이 씨아ㄹ.

我介绍一下儿。
wǒ jiè shào yī xià r

☐ 제 소개부터 하겠습니다.

워 씨엔 즈 워 지에 사오 이 씨아ㄹ.

我先自我介绍一下儿。
wǒ xiān zì wǒ jiè shào yī xià r

☐ 만나서 반갑습니다.

지엔 따오 니 헌 까오 씽!

见到你很高兴!
jiàn dào nǐ hěn gāo xīng

☐ 전부터 들어 잘 알고 있습니다.

지우 양 지우 양.

久仰久仰。
jiǔ yǎng jiǔ yǎng

☐ 성함은 많이 들었습니다.

지우 원 따 밍.

久闻大名。
jiǔ wén dà míng

☐ 당신을 만나서 저도 무척 기쁩니다.

런 스 니 워 이에 헌 까오 씽!

认识你我也很高兴!
rèn shí nǐ wǒ yě hěn gāo xīng

□ 알게 되어 기쁩니다.

런 스 니 헌 까오 씽.

认识你很高兴。
rèn shí nǐ hěn gāo xīng

□ 앞으로 잘 부탁드립니다.

진 허우, 칭 뚜오 방 주.

今后，请多帮助。
jīn hòu   qǐng duō bāng zhù

□ 당신은 어느 나라 사람입니까?

닌 스 나 꾸오 런?

您是哪国人？
nín shì nǎ guó rén

□ 저는 한국인입니다.

워 스 한 꾸오 런.

我是韩国人。
wǒ shì hán guó rén

□ 성함이 어떻게 되십니까?

닌 꾸이 씽?

您贵姓？
nín guì xìng

□ 당신의 성은 무엇입니까?

니 씽 선 머?

你姓什么？
nǐ xìng shén mè

□ 저 분은 누구입니까?

나 웨이 스 세이?

那位是谁？
nà wèi shì shéi

□ 당신의 이름은 무엇입니까?

니 더 밍 쯔 스 선 머 ?

你的名字是什么?
nǐ dè míng zì shì shén mé

□ 존함을 여쭤도 되겠습니까?

칭 원 니 더 쭌 씽 따 밍 ?

请问你的尊姓大名?
qǐng wèn nǐ dè zūn xìng dà míng

□ 저는 김용수라고 합니다.

워 쟈오 진 용 수이.

我叫金用水。
wǒ jiào jīn yòng shuǐ

□ 제 이름은 김용수라고 합니다.

워 더 밍 쯔 쟈오 진 용 수이.

我的名字叫金用水。
wǒ dè míng zì jiào jīn yòng shuǐ

□ 잘 부탁드립니다.

칭 뚜오 꾸안 쟈오.

请多关照。
qǐng duō guān zhào

□ 제가 김용수가 아니라, 저 사람이 김용수입니다.

워 뿌 스 진 용 수이, 타 스 진 용 수이.

我不是金用水，他是金用水。
wǒ bú shì jīn yòng shuǐ   tā shì jīn yòng shuǐ

□ 이것은 제 명함입니다.

저 스 워 더 밍 피엔.

这是我的名片。
zhè shì wǒ dè míng piàn

 # 감사의 표현

□ 감사합니다.

씨에 씨에 !

谢谢!
xiè xiè

□ 대단히 감사합니다.

페이 창 깐 씨에.

非常感谢。
fēi cháng gǎn xiè

□ 도와주셔서 고맙습니다.

헌 깐 씨에 니 뚜이 워 더 방 주.

很感谢你对我的帮助。
hěn gǎn xiè nǐ duì wǒ de bāng zhù

□ 수고하셨습니다.

닌 씬 쿠 러.

您辛苦了。
nín xīn kǔ le

□ 대단히 감사합니다.

스 짜이 스 타이 깐 씨에 러.

实在是太感谢了。
shí zài shì tài gǎn xiè le

□ 대단히 감사 드립니다.

타이 씨에 씨에 니 러.

太谢谢你了。
tài xiè xiè nǐ le

□ 배려에 감사 드립니다.

씨에 씨에 닌 더 꾸안 씬.

谢谢您的关心。
xiè xie nín de guān xīn

□ 호의에 감사 드립니다.

씨에 씨에 니 더 하오 이.

谢谢你的好意。
xiè xie nǐ de hǎo yì

□ 별말씀을요.

뿌 용 커 치.

不用客气。
bú yòng kè qì

□ 감사할 필요까지는 없습니다.

뿌 용 씨에.

不用谢 。
bú yòng xiè

□ 천만의 말씀입니다.

나 리 나 리.

哪里哪里。
nǎ lǐ nǎ lǐ

□ 별말씀을 다 하십니다.

니 타이 커 취 러.

你太客气了。
nǐ tài kè qì le

□ 그러실 필요까지 없습니다.

니 타이 지엔 와이 러.

你太见外了。
nǐ tài jiàn wài le

□ 미안합니다.

뚜이 부 치.

对不起。
duì bù qǐ

□ 용서해주십시오

칭 닌 위엔 리앙 !

请您原谅!
qǐng nín yuán liàng

기본
회화

□ 정말로 죄송합니다.

스 짜이 뚜이 부 치.

实在对不起。
shí zài duì bù qǐ

□ 폐를 끼쳐드려 죄송합니다.

께이 닌 티엔 마 판 러.

给您添麻烦了。
gěi nín tiān má fán le

□ 늦게 와서 죄송합니다.

뚜이 부 치,   워 라이 완 러.

对不起，我来晚了。
duì bù qǐ   wǒ lái wǎn le

□ 매우 죄송합니다.

헌 빠오 치엔.

很抱歉。
hěn bào qiàn

278

□ 부디 양해해 주십시오.

칭 위엔 리앙.

请原谅。
qǐng yuán liàng

□ 실례합니다.

지에 꾸앙 지에 꾸앙.

借光借光。
jiè guāng jiè guāng

□ 미안합니다. 말씀 중에 실례합니다.

뚜이 부 치,   워 수오 이 지우.

对不起，我说一句。
duì bù qǐ   wǒ shuō yī jù

□ 제가 잘못했습니다.

스 워 뿌 뚜이.

是我不对。
shì wǒ bù duì

□ 괜찮습니다.

메이 꾸안 씨.

没关系。
méi guān xì

□ 마음에 두지 마십시오.

니 뿌 비 딴 씬.

你不必担心。
nǐ bù bì dān xīn

□ 천만예요.

뿌 용 씨에.

不用谢。
bù yòng xiè

□ 도움이 되셨다니 기쁩니다.

넝 빵 상 망,   워 헌 까오 씽.

能帮上忙, 我很高兴。
néng bāng shàng máng   wǒ hěn gāo xìng

□ 너무 괘념치 마십시오

뿌 야오 팡 짜이 씬 상.

不要放在心上。
bú yào fàng zài xīn shàng

□ 사과하실 필요가 없습니다.

니 뿌 용 페이 리.

你不用陪礼。
nǐ bù yòng péi lǐ

□ 피차일반입니다.

삐 츠,   삐 츠.

彼此, 彼此。
bǐ cǐ   bǐ cǐ

□ 사양하지 마십시오

니 뿌 야오 커 치.

你不要客气。
nǐ bù yào kè qì

□ 제가 잘못했습니다. 용서하십시오

스 워 더 추오,   칭 위엔 리앙.

是我的错, 请原谅。
shì wǒ dè cuò   qǐng yuán liàng

□ 천만에 말씀입니다.

워 메이 리우 선.

我没留神。
wǒ méi liú shén

 # 축하 · 칭찬의 표현

□ 축하합니다.

주 허 니.

祝贺你。
zhù hè nǐ

□ 당신에게 축하드립니다.

씨앙 니 삐아오 스 주 허.

向你表示祝贺。
xiàng nǐ biǎo shì zhù hè

□ 승진을 축하합니다.

꽁 씨 니 성 즈!

恭喜你升职!
gōng xǐ nǐ shēng zhí

□ 당신이 성공하니 저도 기쁩니다.

니 청 꽁 러 워 예 헌 까오 씽.

你成功了我也很高兴。
nǐ chéng gōng le wǒ yě hěn gāo xìng

□ 축하드립니다.

꽁 씨 꽁 씨.

恭喜恭喜。
gōng xǐ gōng xǐ

□ 생일 축하합니다.

주 니 성 르 콰이 러.

祝你生日快乐。
zhù nǐ shēng rì kuài lè

□ 행운이 있기를 바랍니다.

주 니 하오 윈.

祝你好运。
zhù nǐ hǎo yùn

□ 건강하시기를 빌겠습니다.

주 니 선 티 지엔 캉.

祝你身体健康。
zhù nǐ shēn tǐ jiàn kāng

□ 잘 다녀오시기 바랍니다.

주 니 이 루 순 펑.

祝你一路顺风。
zhù nǐ yī lù shùn fēng

□ 성공을 빌겠습니다.

주 니 청 꽁.

祝你成功。
zhù nǐ chéng gōng

□ 좋은 성적을 거두기를 바랍니다.

주 니 취 더 하오 청 지.

祝你取得好成绩。
zhù nǐ qǔ dé hǎo chéng jì

□ 새해 복 많이 받으십시오.

씬 니엔 콰이 러.

新年快乐。
xīn nián kuài lè

□ 새해는 모든 일이 잘 되기를 바랍니다.

주 니 짜이 씬 더 이 니엔 리 마 따오 청 꽁!

祝你在新的一年里马到成功!
zhù nǐ zài xīn dè yì nián lǐ mǎ dào chéng gōng

☐ 새해에 즐겁게 보내시기 바랍니다.

주 니 씬 니엔 위 콰이!

祝你新年愉快!
zhù nǐ xīn nián yú kuài

☐ 오늘 정말 멋지게 입었군요.

진 티엔 니 추안 더 전 퍄오 리앙!

今天你穿得真漂亮!
jīn tiān nǐ chuān de zhēn piāo liàng

☐ 그는 매우 친절합니다.

타 헌 러 칭.

他很热情。
tā hěn rè qíng

☐ 그는 정말 유능합니다.

타 전 넝 깐.

他真能干。
tā zhēn néng gān

☐ 매우 좋습니다.

타이 하오 러.

太好了。
tài hǎo le

☐ 천만에요, 별 말씀을요.

나ㄹ 더 후아.

哪儿的话。
nǎ r de huà

☐ 그는 유머러스합니다.

타 헌 여우 모.

他很幽默。
tā hěn yōu mò

 # 중국의 주요 관광지

베이징 / 北京

- 天安门(tiānānmén)   티엔안먼
- 中山公园(zhōngshāngōngyuán)   중산공위엔
- 故宫(gùgōng)   꾸공
- 北海公园(běihǎigōngyuán)   뻬하이공위엔
- 毛主席纪念堂(máozhǔxíjìniàntáng)   마오쭈씨지니엔탕
- 人民大会堂(rénmíndàhuìtáng)   런민따후이탕
- 天坛公园(tiāntángōngyuán)   티엔탄공위엔
- 颐和园(yíhéyuán)   이허위엔
- 明十三陵(míngshísānlíng)   밍스싼링

텐진 / 天津

- 水上公园(shuǐshànggōngyuán)   수이상공위엔
- 天后宫(tiānhòugōng)   티엔허우꽁

칭따오 / 青岛

- 栈桥(zhànqiáo)   잔챠오
- 崂山(láoshān)   라오산

루어양 / 洛阳

- 少林寺(shàolínsì)   사오린쓰
- 关林堂(guānlíntáng)   꾸안린탕
- 白马寺(báimǎsì)   뻬이마쓰

상하이 / 上海

- 上海滩(shànghǎitān)　　　　상하이탄
- 黄浦江(huángpūjiāng)　　　　황푸지앙
- 虹口公园(hóngkǒugōngyuán)　홍커우공위엔
- 玉佛寺(yùfúsì)　　　　　　　위푸스
- 方塔公园(fāngtǎgōngyuán)　　팡타공위엔

쑤저우 / 苏州

- 狮子林(shīzilín)　　　　스쯔린
- 留园(liúyuán)　　　　　리우위엔
- 虎丘(hǔqiū)　　　　　　후치우
- 常熟(chángshú)　　　　창수

항쩌우 / 杭州

- 西湖(xīhú)　　　　　　시후
- 灵隐寺(língyǐnsì)　　　링인쓰
- 岳飞庙(yuèfēimiào)　　위에페이먀오

난징 / 南京

- 中山陵(zhōngshānlíng)　종산링
- 中华门(zhōnghuámén)　종화먼

광쩌우 / 广州

- 越秀公园(yuèxiùgōngyuán)　위에씨우공위엔
- 兰园(lányuán)　　　　　　　란위엔
- 怀圣寺(huáishèngsì)　　　　화이성쓰
- 白云山(báiyúnshān)　　　　빠이위엔산

꾸이린 / 桂林

- 芦笛岩(lúdíyán)   루띠이엔
- 漓江(líjiāng)   리지앙

청따오 / 青岛

- 武侯祠(wǔhóucí)   우허우츠
- 青城寺(qīngchéngsì)   칭청쓰
- 宝光寺(bǎoguāngsì)   빠오꾸앙쓰

쿤밍 / 昆明

- 云南民族村(yúnnánmínzúcūn)   윈난민쭈춘
- 圆通寺(yuántōngsì)   위엔통쓰
- 西山(xīshān)   씨산

시안 / 西安

- 大雁塔(dàyàntǎ)   따옌타
- 小雁塔(xiǎoyàntǎ)   샤오이옌타
- 秦始皇帝陵(qínshǐhuángdìlíng)   친스후앙띠링
- 干陵(gānlíng)   깐링

선양 / 沈阳

- 故宫(gùgōng)   꾸공
- 中山公园(zhōngshāngōngyuán)   종산공위엔

지린 / 吉林

- 松花湖(sōnghuāhú)   송화후
- 北山公园(běishāngōngyuán)   베이산공위엔

여행 중국어 회화

초판1쇄 펴낸날   2004년 1월 30일
초판4쇄 펴낸날   2007년 8월 30일
편저자   김중기
펴낸이   배태수
펴낸곳   신라출판사
          서울시 동대문구 제기동 1157-3영진빌딩
          전화 (02)922-4735   팩스 (02)922-4736
출판등록   1975년 5월 23일 제 6-0216호

ISBN 89-7244-011-6   13720
* 잘못된 책은 바꾸어드립니다.